民国国学文库
MIN GUO GUO XUE WEN KU

荀 子

XUN ZI

叶绍钧　选注

宛志文　校订

长江出版传媒 | 崇文书局

图书在版编目(CIP)数据

荀子 / 叶绍钧选注；宛志文校订. —武汉：崇文书局，

2014.8(2023.1 重印)

(民国国学文库)

ISBN 978-7-5403-3443-7

Ⅰ. ①荀… Ⅱ. ①叶… ②宛… Ⅲ. ①儒家 Ⅳ.①B222.61

中国版本图书馆 CIP 数据核字(2014)第 135395 号

民国国学文库 荀子

MINGUO GUOXUE WENKU XUN ZI

出版发行：崇文书局

地 址：武汉市雄楚大街 268 号 C 座 11 层

印 刷：湖北画中画印刷有限公司

开 本：880mm×1230mm 1/32

印 张：5.25

版 次：2014 年 8 月第 1 版

印 次：2023 年 1 月第 2 次印刷

定 价：29.80 元

总　序

冯天瑜

　　作为汉字古典词，"国学"本谓周朝设于王城及诸侯国都的贵族学校，以与地方性、基层性的"乡校""私学"相对应。隋唐以降实行科举制，朝廷设"国子监"，又称"国子学"，简称"国学"，有朝廷主持的国家学术之意。

　　时至近代，随着西学东渐的展开，与来自西洋的"西学"相比配，在汉字文化圈又有特指本国固有学术文化的"国学"一名出现。如江户幕府时期（1601—1867）的日本人，自18世纪起，把流行的学问归为三类：汉学（从中国传入）、兰学（从欧美传入，19世纪扩称洋学）、国学（从《古事记》《日本书纪》发展而来的日本固有学术）。19世纪末、20世纪初，中国留日学生与入日政治流亡者，以及活动于上海等地的学人，采借日本已经沿用百余年的"国学"一名，用指中国固有的学术文化。1902年梁启超（1873—1929）撰文，以"国学"与"外学"对应，强调二者的互动共济，梁氏曰："今日欲使外学之真精神普及于祖国，则当转输之任者，必邃于国学，然后能收其效。"（《论中国学术思想变迁之大势》）1905年国粹派在上海创办《国粹学报》，公示"发明国学，保存国粹"宗旨。这里的"国学"意为"国粹之学"。该刊发表章太炎（1869—1936）、刘师培（1884—1920）、陈去病（1874—1933）等人的经学、史学、诸子学、文字训诂方面文章，以资激励汉人的民族精神与文化自信。从此，中国人开始在"中国固有学术文化"意义上使用"国学"一词，为"国故之学"的简称。所谓"国故"，指中国传统的学术文化之故实，此前清人多有用例，如魏源（1794—1857）认为，学者不应迷恋词章，学问要从"讨朝章、讨国故始"（《圣武记》卷一一），这"讨国故"的学问，也就是后来所谓之国学。

经清末民初诸学者（章太炎、梁启超、罗振玉、王国维、刘师培、黄侃、陈寅恪等）阐发和研究，国学所涉领域大定为：小学、经学、史学、诸子、文学，约与现代人文学的文、史、哲相当而又加以综汇，突现了中国固有学术整体性特征，可与现代学校的分科教学相得益彰、彼此促进，故自20世纪初叶以来，"国学"在中国于起伏跌宕间运行百年，多以偏师出现，而时下又恰逢勃兴之际。

中国学术素有"文、史、哲不分家"的传统，中国学术的优势与缺陷皆与此传统相关。百年来的中国学校教育仿效近代西方学术体制，高度分科化，利弊互见。其利是促进分科之学的发展，其弊是强为分割知识。为克服破碎大道之弊，有人主张打通文、史、哲壁垒，于是便有综汇中国人文学的"国学"之创设，并编纂教材，进于学校教育、家庭教育、社会教育，其先导性教材结集，为20世纪20年代至30年代原商务印书馆由王云五策划并担任主编的《万有文库》之子系《学生国学文库》。所收均为四部重要著作。略举大凡：经部如诗、礼、春秋，史部如史、汉、五代，子部如庄、孟、荀、韩，并皆刊入；文辞则上溯汉、魏，下迄近代，诗歌则陶、谢、李、杜，均有单本，词则多采五代、两宋。丛书凡60册，已然囊括了"国学"之精粹。其鲜明之特色是选注者掺入了对原著的体味，经史诸书选辑各篇，以表见其书、其作家之思想精神、文学技术、历史脉络者为准。其无关宏旨者，概从删削、剔抉。选注者中不乏叶圣陶、茅盾、邹韬奋、傅东华这样的学界翘楚。他们对传统国学了然于胸，于选注自然是举重若轻，驾轻就熟。这样一份业经选注者消化、反刍的国学精神食粮自然更便于国学入门者吸收。

这样一套曾在20世纪初在传播传统文化、普及国学知识方面起到重要作用的丛书即便今天来看也是历久弥新。崇文书局因应时势，邀约深谙国学之行家里手于原辑适当删减、合并、校勘，以30册300余万言，易名《民国国学文库》呈献当今学子。诸书均分段落，作标点，繁难字加注音，以便省览。诸书原均有注释，古籍异释纷如，原已采其较长者，现做适当取舍、增删。诸书较为繁难、多音多义之字，均注现代汉语拼音，以便讽诵。诸书卷首，均有选注者序，述作者生平、本书概要、参考书举要等，凡所以示读者研究门径者，不厌其详，现一仍其旧。

这样一套入门的国学读物，读者苟能熟读而较之，冥默而求之，国学之精要自然神会。

是为序。

校订说明

丛书原名《学生国学文库》，为20世纪二三十年代商务印书馆王云五主编《万有文库》之子系，为突显其时代印记现易名为《民国国学文库》，奉献给广大国学爱好者。

原丛书共60种，考虑到难易程度、四部平衡、篇幅等因素，在广泛征求专家意见基础上，现删减为34种30册，基本保留了原书的篇章结构。因应时势有极少量的删节。

原文部分，均选用通用、权威版本全文校核，参以校订者己见做了必要的校核和改订。为阅读的通顺、便利，未一一标注版本出处。

注释根据原文的结构分别采用段后注、文后注，以便读者省览。原注作了适当增删，基本上保持原文字风格，之乎者也等虚词适当剔除，增删力求通畅、易懂，避免枝蔓。典实、注引做了力所能及的查证，但因才学有限疏漏可能在所难免。

原书为繁体竖排，现转简体横排。简化按通行规则，但考虑到作为国学读物，普及小学知识亦在情理之中，故而保留了少量通假字、繁体字、异体字，一般都出注说明，或许亦可增加读者的阅读兴趣和扩大知识面。

生僻、多音字作相应注音，原反切、同音、魏妥玛注音，均统一改现代汉语拼音。

国学读物校订，工作浩繁，往往顾此失彼，多有不当处，还望读者指正。

丛书校订工作由余欣然统筹。

绪　言

一　荀子略传

荀子，名况，字卿[1]，战国时赵人，生当公元前 335 年前后，死当公元前 235 年前后[2]。他青年时代曾游燕国。齐湣王的末年，他游学于齐国，已是五十岁了[3]。齐国当威王、宣王的时候，延致天下贤士很多，到这时候死亡殆尽；所以当齐襄王时，他"最为老师"[4]。后来游秦国，见秦昭王同应侯[5]，没有什么意思。又到赵国，议兵于赵孝成王前[6]；但也不能有所施为。末了游楚国。那时候春申君当国，使他作兰陵令[7]。后来春申君为李园所杀，他就废官。年命差不多要完了，有所施为是无望了，遂从事著作。不久就死在兰陵。

二　荀子书

刘向校书叙录说："孙卿书凡三百二十二篇，以相校，除复重二百九十篇，定著二十二篇。"[8]题名为"新书"。《汉书·艺文志》儒家《孙卿子》三十二篇[9]，又赋家孙卿赋十篇。《隋书·经籍志》《旧唐书·经籍志》《唐书·艺文志》都载《孙卿子》十二卷，又都有荀况的别集。《唐书·艺文志》另有杨倞[10]注《荀子》二十卷。杨倞是第一个注《荀子》的人。他的序文说："……独《荀子》未有注解，亦复编简烂脱，传写谬误。虽好事者时亦览之，至于文义不通，屡掩卷焉……辄用申抒鄙思，敷寻义理，其所征据，则博求诸书……以文字繁多，故分旧十二卷，三十二篇，为二十卷。又改《孙卿新书》为《荀卿子》。其篇第亦颇有移易，使以类相从云。"[11]这是《荀子》结集成现在的样子的略历。《汉书·艺文志》所载孙卿赋十篇，当即指三十二篇中的《成相篇》《赋篇》而言[12]，因为别立赋家，所以抽出来重复记着。《隋书·经籍志》等既录《孙卿子》，又有荀况的别集，也是同样的办法。直到杨注出来，给与研求的人不少的便利，于是未经杨倞编订的十二卷本以及荀况的别集自然归于淘汰了。

直到清朝乾、嘉年间，校勘古书的风气大盛，所用校勘的方法都是极严密的，最不取孤证同武断。这当儿，注意《荀子》的人自然也多起来了。于是杨倞注的《荀子》又经过许多学者的修订，义理更见明白。清末，王先谦作《荀子集解》一书[13]。胡适说整理国故有三途，其中之一叫做"总帐式的整理"[14]。王先谦的工作，正是结的从前人校释《荀子》的帐。他的校勘依据各种本子，"择善而从"。采集郝懿行、王念孙、王引之、汪中、刘台拱、卢文弨、顾广圻、陈奂等各家解释的说数，往往加以判断；而他自己也有所发明，又附载关于《荀子》一书的考证，差不多搜集得周遍了。所以我们研究《荀子》，以《集解》为最精善最适用的本子。日本久保爱作《荀子增注》[15]，用宋本元本来校勘，颇足供参证。服部宇之吉编《汉文大系》，第十五卷是《荀子》，就把《集解》同《增注》合在一起，又加入了猪饲彦博的《补遗》。

不论什么古书，往往是这样子：题名是谁作的，其实未必完全出于谁手；弟子的记录，类似的言论，常与作者的原著一同被包在一个书名之下。《荀子》这部书也是这样的情形。如《大略》《宥坐》等篇，显然是语录同杂记一类的东西。又这部书最初经刘向的结集，已加编排的手续，直到杨倞，中间未必不再经几回的编排。因编者识力的关系以及凑足篇数的关系，编排得不能尽惬当自是难免的事。如《非相篇》的后两章与"非相"无干，《天论篇》的末段与《天论》无干，都由于这等的原因。胡适说："大概《天论》《解蔽》《正名》《性恶》四篇全是荀卿的精华所在。"[16]或者这几篇才是荀子以著述的态度特地写下来的吧。

三　学术思想概况

《史记》不载荀子所从受学。汪中作《荀卿子通论》，考见荀子对于《易》《礼》《毛诗》《鲁诗》《韩诗》，左氏《春秋》、公羊《春秋》、谷梁《春秋》不是有授受、解释的明据[17]，便是有牵联、关系的痕迹。因此说："盖荀卿于诸经无不通，而古籍阙亡，其授受不可尽知矣。"荀子做的学问既尽是儒家的学问，又这样地广博，自然自己也立脚在儒家的一面。可是，当他的时代，所谓"七十子之徒"已是过去了，儒家很有点衰败的样子了。而他所谓"足以欺惑愚众"的学说[18]，却沸沸扬扬到处流传。这怎能教他不要忧心呢？于是申述他完全自得的中心思想，同时批评他家的思想、驳斥他家的思想[19]，希望移易当时的人心。他的弟子有李斯、韩非，是我国历史上著名的政治家。又有浮丘伯同张苍，一个是受《诗》的，一个是受左氏《春秋》的。更从他与诸经的关系讲，简直可说汉代的学术都源于他。总之，他是为儒家放异彩的一位大师，是诸经传授的一位肩荷者。

荀子的自得的中心思想，不能不推他的针对孟子"性善说"的"性恶论"。他的口号是"人之性恶，其善者伪也"[20]。他以为人的天性有种种的情欲，若令顺着情欲做去，就会做出恶事。可见人性本恶。因此，必须有种种人为的礼义法度来节制它、来利导它，方才可以为善。可见人的善行，全赖人为。这个观念应用到政治哲学上边，就成"礼治主义"。他说："今人之性恶，必将待师法然后正，得礼义然后治。"[21]何以能"正"？何以能"治"？就因为"师法"同"礼义"不是顺性的而是特地定出来裁制性的东西，性恶这个观念应用到教育哲学上边，就成"积善主义"。他说："涂之人百姓积善而全尽，谓之圣人。彼求之而后得，为之而后成，积之而后高，尽之而后圣。故圣人也者，人之所积也。"[22]人本来没有善，犹如穷人一个钱也没有。但是一个一个积起来，积之不休，到极其充足的一天，就是富翁了。

积善积到这地步，就是圣人。每个穷人都能成富翁，只要能积钱；每个人都能成圣人，只要能积善。性恶这个观念应用到人生哲学上边，就成"明心主义"。他说："心者，道之工宰也。"[23]又说："故心不可不知道。心不知道，则不可道而可非道……心知道，然后可道。可道，然后能守道以禁非道。"[24]要能知道而以道为可，才是清明的心。怎能使心知道呢？他有"虚一而静"四个字[25]，就是先要做到虚心、专一、静心三种工夫。心既清明，所可中理，就不会顺着情欲做出非道的事情来了。

要礼治，要积善，要明心，纯任自然是办不到的，必须努力作为，多一分功力就多一分效果。所以他极看重后来被误解而累他受冤枉的一个"伪"字。这是荀子哲学的特色，他把老、庄任天的观念，墨家信天的观念都辟开了，干干脆脆把所有的责任都担在人的肩膀上。于是发生他的"天论"，自然主要是"不求知天"，但欲征服天行以为人用了[26]。

荀子所说的"伪"，在圣人方面是为民众制定礼义。他说："礼义者，圣人之所生也。"[27]又说："先王恶其乱也，故制礼义以分之。"[28]在民众方面，所谓"伪"便是努力学习，把礼义积聚在自己的身上。他说："今人之性，固无礼义，故强学而求有之也。"[29]圣人所制定的礼义差不多是民众永久的标准，因为圣人是通乎古今，最善推度的。他说："圣人者，以己度者也。故以人度人，以情度情，以类度类，以说度功，以道观尽。古今一也。度类不悖，虽久同理。"[30]古今既是一致，似乎都不妨效法，但是他不主张"法先王"而主张"法后王"。他的意思，并不是说先王不好，也不是说先王与后王有什么不同，只因为后王的时代近，他的礼法制度更是明白可考。所以他说："欲观圣王之迹，则于其粲然者矣，后王是也。"[31]

这种标准圣王、古今一致的观念，从思想方法上讲，完全是演绎法。所以他说："凡议，必将立隆正，然后可也。无隆正则是非不分，而辨讼不决……凡言议期命以圣王为师。"[32]只要把圣王的礼法制度作为"隆正"，作为大前提，为是为非的结论便不至于差误。根据这个来正名，自然主张"必将有循于旧名，有所于新名"[33]了。

荀子因论明心而论到心理现象[34]，于是跨入了心理学的界域。又因论正名而论到"所为有名"、"所缘以同异"以及"制名之枢要"[35]，于是跨入了认识论的界域。在儒家，他以前的儒家，从没有探求得这样深而描写得这样细的。这是可以注意的。

四　余语

研究学术思想，不论是古人的或是现代的，首要在确知它的真相；更进一步，就拿来作我自己研究学术、完成思想的参证。所以主观的态度是不相宜的，拘泥的性习是没有好处的。譬如从前人因荀子主张性恶，就对他不满意，以为他无论如何，至少要比孟子低一级。这由于他们主观得厉害，拘泥得厉害，故而想着性总该是善的才对。我们现在就不这样，性到底是善是恶的问题且搁在一旁，却觉得孟、荀二人同样是混用抽象名词来说话的人。陈登元作《荀子之心理学说》[36]，罗列两家的说数来比核，他的答案是"孟、荀二家皆主心善。荀子性恶之性，非孟子性善之性。"试读《解蔽篇》论心的文字，与孟子"恻隐之心，人皆有之"的话对照，他们两个人确然在一条路上。荀子说性恶，每指情欲而言，孟子说性善，却指"我固有之"的良心，用词不同，显然可见。那么，从前人扬彼抑此，不是无聊的争辩么？这是说客观的态度的必要。

又如我们既知道孟子说性善，荀子说性恶，其实他们两家都说的心善，这当儿最要记着"孟子说""荀子说"这几个字。记着这几个字就与"我信"不同。固然，如孟、荀两家在我国学术思想上都发生伟大的影响，或且直到无尽的将来。但"食而化之"是可以的，"酌而采之"是可以的，研究某说即"我信"某说是不可以的，因为这样就把你的进程阻挡住了。在现在的时代，要研究哲学、教育、心理等科，应当从现代的哲学、教育学、心理学等入手；古代的呢，都只给我们作参证的材料，这才会有永永进展的希望。这是说融通的性习的必要。

编者编完了这部书，谨将所怀的一点意思写在前面，以贡献于读者。

- -

[1]《史记》称荀卿，刘向校书叙录同应劭《风俗通》却称孙卿，《荀子》里边多自称孙卿子。为什么一个人有了两个姓呢？司马贞、颜师古等都说汉宣帝讳询，故改荀为孙。谢墉作《荀子笺释》，于序文中驳此说道："考……汉时尚不讳嫌名。且如后汉李恂与荀淑、荀爽、荀悦、荀彧俱书本字，讵反于周时人名见诸载籍者而改称之？若然，则《左传》自荀息至荀瑶多矣，何不改耶？……盖荀音同孙，语遂移易。如荆轲在卫，卫人谓之庆卿，而之燕，燕人谓之荆卿。"此说有这样坚强的反证，避讳说当然不能成立；而所以一姓异字的原由，也可因此恍然了。又《史记》单称荀卿，没有说明卿字是名是字，刘向校书叙录说"孙卿，赵人，名况"，也没有说明卿字是什么。后人多说卿字是尊美之词。直到江瑔《读子卮言论荀子之姓氏名字》一文，始断定卿字是荀子的字。他的证据很坚强。他说："刘向叙曰：'兰陵人善为学，盖以孙卿也。长老至今称之，曰兰陵人喜字为卿，盖以法孙卿也。'此为荀子字卿之确证。刘向不言'兰陵人喜名为卿'，而曰'喜字为卿'，则卿为荀子之字可知。"

[2]《史记》载荀子死于春申君死后。春申君为李园所杀，在楚考烈王二十五年，当公元前 238 年。那么荀子的死，当在公元前 235 年前后，没有什么可疑。独有对于他的生年，从前人有种种不同的推测，不易确定谁是谁非。但是有一条线索在这里，依着

推求，实也不见得难定。《韩非子·难四》篇有句话道："燕王
哙贤子之而非荀卿，故身死为僇"。韩非是荀子的弟子，述及老
师的事情决不至于差误，可见荀子当燕王哙未死之前，曾到过燕
国。燕王哙死的那年是公元前 314 年。而能够到别国去想有所发
展，至少须是个二十岁左右的青年。据此上推，故说荀子的生年
在公元前 335 年左右。下推到齐襄王元年，当公元前 283 年，他
已是五十多岁的人了，所以齐襄王时他最为老师，其间时距亦很
吻合。只是这样说来，他的年寿到一百岁以外，似乎有点奇特。
但是古往今来并不是没有百岁以外的人；并且按照他的事迹，须
要这样说去方通，我们只得认他是个享年极高的人了。

[3]《史记》本传称"年五十，始来游学于齐"。刘向叙录称"方
齐宣王、威王之时，聚天下贤士于稷下，尊宠之，若邹衍、田
骈、淳于髡之属甚众，号曰列大夫，皆世所称，咸作书刺世。是
时孙卿有秀才，年五十，始来游学"。后人不察刘向的差误，觉
得荀子的年岁太长了，以为"年五十"当是"年十五"。胡适作
《中国哲学史大纲》，辨正此说最有理。他说："不知本文说的
'年五十始来游学'，这个'始'字含有来迟了的意思。若是'年
十五'，决不必用'始'字了。"　　[4]《史记·孟子荀卿列传》
叙述荀子，于"始来游学于齐"下接"驺衍之术，迂大而闳辩。奭
也文具难施。淳于髡久与处，时有得善言。故齐人颂曰：'谈天
衍，雕龙奭，炙毂过髡'"，共四十一字。往下乃说"田骈之属

皆已死。齐襄王时，而荀卿最为老师"。胡适对于"驺衍之术……"四十一字以为"这一段不相干的事实，乃是上文论'齐有三驺子'一节的错简。"这自是极确切的；我们试把这一段补入上节，文义都合。胡适又说"齐襄王时"四字应属上读，因为"这四字在文法上是一个'状时的读'；状时的读与所状的本句决不可用'而'字隔开，隔开便不通了。"依此说，"齐襄王时"与"为老师"并没有什么关系。可是，《史记》一书颇有类似的不通句子，陈登元作《荀子传略》（见东南大学南京高师国学研究会所出《国学丛刊》第二卷第一期）曾举出《孔子世家》中"鲁襄公二十二年而孔子生"及"鲁昭公之二十二年，而孔子盖年三十矣"两例。可见用文法来解决，未必一定可靠。又况这四字如属上读，势必把荀子的生年排后，那么又何以解于韩非的话呢？所以我们还是从旧时读法，把这四字属下。　　[5]《荀子·儒效篇》载秦昭王与荀子问答的话。《强国篇》载应侯与荀子问答的话。　　[6]《荀子·议兵篇》载荀子与临武君在赵孝成王前议兵的话。　　[7]荀子作兰陵令在楚考烈王八年，当公元前255年。　　[8]现在把篇目抄录在这里：《劝学篇》第一，《修身篇》第二，《不苟篇》第三，《荣辱篇》第四，《非相篇》第五，《非十二子篇》第六，《仲尼篇》第七，《成相篇》第八，《儒效篇》第九，《王制篇》第十，《富国篇》第十一，《王霸篇》第十二，《君道篇》第十三，《臣道篇》第十四，《致仕篇》第十五，《议兵篇》第十六，《强国篇》第十七，《天论篇》第十八，《正论篇》第十九，《乐论篇》第二十，《解蔽篇》第二十一，《正名篇》第二十二，《礼论篇》第二十三，《宥坐篇》第二十四，《子道篇》第二十五，《性恶篇》第二十六，《法行篇》第二十七，《哀公篇》第二十八，《大略篇》第二十九，《尧问篇》第三十，《君子篇》第三十一，《赋篇》第三十二。 [9]今本《汉书》作三十三篇，据王应麟《汉书·艺文志考证》，当作三十二篇。 [10]《唐书》没有给杨倞立传。《艺文志》于他所注《荀子》下注"汝士子，大理评事"七个字。汪中考杨汝士三子没有名倞的；却从《古刻丛钞》里发见杨倞所作的墓志铭，据此考定他是唐武宗时人。（见所作《荀卿子通论》）但郝懿行以为汝士三子虽然没有一个名倞的，而杨倞或许有改名的事情。（见《与李璋煜月汀比部论杨倞书》）《四库提要》也说"倞或改名"。这些话不能确定孰是孰非。但《荀子注》序文末有"时岁在戊戌，大唐睿圣文武皇帝元和十三年十二月也"，这一年当公元818年，是他成书作序的时期，却是可以确知的。 [11]他的新目录是：第一卷，《劝学篇》第一，《修身篇》第二；第二卷，《不苟篇》第三，《荣辱篇》第四；第三卷，《非相篇》第五，《非十二子篇》第六，《仲尼篇》第七；第四卷，《儒效篇》第八；第五卷，《王制篇》第九；第六卷，《富国篇》第十；第七卷，《王霸篇》第十一；第八卷，

《君道篇》第十二；第九卷，《臣道篇》第十三，《致仕篇》第十四；第十卷，《议兵篇》第十五；第十一卷，《强国篇》第十六，《天论篇》第十七；第十二卷，《正论篇》第十八；第十三卷，《礼论篇》第十九；第十四卷，《乐论篇》第二十；第十五卷，《解蔽篇》第二十一；第十六卷，《正名篇》第二十二；第十七卷，《性恶篇》第二十三，《君子篇》第二十四；第十八卷，《成相篇》第二十五，《赋篇》第二十六；第十九卷，《大略篇》第二十七；第二十卷，《宥坐篇》第二十八，《子道篇》第二十九，《法行篇》第三十，《哀公篇》第三十一，《尧问篇》第三十二。后来都依这样的排次。 [12]《赋篇》中含有《礼》《知》《云》《蚕》《箴》五赋是显然的赋。其余《佹诗》一篇与《成相篇》都是韵文，而且都是敷陈其事的，自然也可包在赋这个名词之下。惟《成相篇》中究是几篇，从前人有好几个说数，现在也不能断定。 [13]他的序文记着光绪十七年，当公元 1891 年。 [14]此说见他所作北京大学《国学季刊》的宣言以及《淮南鸿烈集解序》。 [15]他的序文记着文政庚辰，当公元 1820 年。 [16]见《中国哲学史大纲》。
[17]汪中文道："《经典叙录》《毛诗》，徐整云：'子夏授高行子，高行子授薛仓子，薛仓子授帛妙子，帛妙子授河间人大毛公，毛公为《诗故训》传于家，以授赵人小毛公。'一云：'子夏传曾申，申传魏人李克，克传鲁人孟仲子，孟仲子传根牟子，

根牟子传赵人孙卿子，孙卿子传鲁人大毛公。'由是言之，《毛诗》，荀卿子之传也。《汉书·楚元王交传》：'少时尝与鲁穆生、白生、申公同受《诗》于浮邱伯。伯者，孙卿门人也。'《盐铁论》云：'包邱子与李斯俱事荀卿（包邱子即浮邱伯）。刘向叙云：'浮邱伯受业，为名儒。'《汉书·儒林传》：'申公，鲁人也，少与楚元王交俱事齐人浮邱伯受《诗》。'又云'申公卒以《诗》《春秋》授，而瑕邱江公尽能传之。'由是言之，《鲁诗》，荀卿子之传也。《韩诗》之存者，《外传》而已，其引《荀卿子》以说诗者四十有四。由是言之，《韩诗》，荀卿子之别子也。《经典叙录》云：'左邱明作《传》，以授曾申，申传卫人吴起，起传其子期，期传楚人铎椒，椒传赵人虞卿，卿传同郡荀卿名况，况传武威（武威，据《史记·张丞相传》当作阳武）张苍，苍传洛阳贾谊。'由是言之，《左氏春秋》，荀卿之传也。《儒林传》云：'瑕邱江公受《谷梁春秋》及《诗》于鲁申公，传子，至孙为博士。'由是言之，《谷梁春秋》，荀卿子之传也。荀卿所举，本长于《礼》。《儒林传》云：'东海兰陵孟卿善为《礼》《春秋》，授后苍、疏广。'刘向叙云：'兰陵多善为学，盖以荀卿也。长老至今称之，曰兰陵人喜字为卿，盖以法荀卿。'又二戴《礼》并传自孟卿，《大戴礼·曾子立事》篇载《修身》《大略》二篇文，小戴《乐记》《三年问》《乡饮酒义》篇载《礼论》《乐论》篇文。由是言之，曲台之礼，荀卿之支与余裔也……其说'霜降逆女'，与毛同义。《礼论》《大略》二篇，谷梁义具在。又《解蔽篇》说《卷耳》，《儒效篇》说《风》《雅》《颂》，《大略篇》说《鱼丽》《国风》好色，并先师之逸典。又《大略篇》'《春秋》贤穆公，善胥命'，则为《公羊春秋》之学。楚元王交本学于浮邱伯，故刘向传《鲁诗》、《谷梁春秋》，刘歆治《毛诗》、《左氏春秋》，董仲舒治《公羊春秋》，故作书美荀卿，其学皆有所本。刘向又称荀卿善为《易》，其义亦见《非相》《大略》二篇。"　　　[18]《非十二子篇》中，除了论子思、孟轲两家，其外都有"足以欺惑愚众"的案语。　　　[19]《天论篇》《解蔽篇》有批评老、庄、慎、墨、宋、惠、申诸子的话。《性恶篇》是驳孟子的"性善说"的。《富国篇》《乐论》是驳墨子的"节用"同"非乐"两说的。《正论篇》里，则有驳宋子学说的话。　　　[20]《性恶篇》中，这个口号凡九见。　　　[21]见《性恶篇》。　　　[22]见《儒效篇》。　　　[23]见《正名篇》。[24]见《解蔽篇》。　　　[25]见《解蔽篇》。　　　[26]征服天行以为人用的说数是"大天而思之，孰与物畜而裁之？从天而颂之，孰与制天命而用之？望时而待之，孰与应时而使之？因物而多之，孰与骋能而化之？思物而物之，孰与理物而勿失之也？愿于物之所以生，孰与有物之所以成？故错人而思天，则失万物之情"。　　　[27]见《性恶篇》。　　　[28]见《礼论篇》。

[29]见《性恶篇》。　　[30]见《非相篇》，字句依本书所定的。　　[31]见《非相篇》。　　[32]见《正论篇》。　　[33]见《正名篇》。这"作"字，王先谦引《礼记·哀公问》郑注"作犹变也"因释"作者，变也"，于义极合。　　[34]见《解蔽篇》"人何以知道"一节。　　[35]见《正名篇》。　　[36]见东南大学南京高师国学研究会所出《国学丛刊》第二卷第二期。

凡　　例

一、本书所采，是关于荀子的思想学说最重要的篇章。比较不重要的，就不录入。至于要看荀子书全部，自可去找别的本子。

二、本书正文，依据《荀子集解》。经各家考证，是衍文讹字，便加〔　〕号标明；应当增字，便用小字刊载一旁，以醒眉目。《集解》分段处，现在空一行；每段新分小节，每节另行起，也是要仍旧可见原样的意思。

三、本书的校勘同注释，就《荀子集解》及日本《汉文大系》所刊的《增注》《补遗》里边各家的说数，择善而从。意在使读者展开书面，能够顺流地读下去，而且即能了解所涵的意义。这与本书的不刊荀书全部是一贯的宗旨，都是希望读者能适当地节省学力和时间。因为《集解》等原书极易找到，要参考时取携极便，故各家考证的途径不复采入，单取他们的结果。所采的是哪一家的，以同样的原由，也不复标明。

四、本书标注现代汉语拼音，以期读音的便利。

目 录

劝　学

　　君子曰：学不可以已[1]。青，取之于蓝而青于蓝；冰，水为之而寒于水。木直中绳，𫐓[2]以为轮，其曲中规；虽有槁暴，不复挺者[3]，𫐓使之然也。故木受绳则直，金就砺则利，君子博学而日参[4]省乎己，则知明而行无过矣。故不登高山，不知天之高也；不临深溪，不知地之厚也；不闻先王之遗言，不知学问之大也。干、越、夷、貉[5]之子，生而同声，长而异俗，教使之然也。

　　《诗》[6]曰："嗟尔君子，无恒安息。靖共尔位，好是正直。神之听之，介尔景福。"[7]神莫大于化道，福莫长于无祸[8]。

　　吾尝终日而思矣，不如须臾之所学也。吾尝跂而望矣，不如登高之博见也[9]。登高而招，臂非加长也，而见者远；顺风而呼，声非加疾也，而闻者彰。假舆马者，非利足[10]也，而致千里；假舟楫者，非能水也，而绝江河[11]。君子生[12]非异也，善假于物也[13]。

　　南方有鸟焉，名曰"蒙鸠"[14]，以羽为巢，而编之以发，系之苇苕[15]。风至苕折，卵破子死。巢非不完也，所系者然也。西方有木焉，名曰"射干"[16]，茎长四寸，生于高山之上，而临百仞之渊。木茎非能长也，所立者然也。蓬生麻中，不扶而直；白沙在涅，与之俱黑。兰槐[17]之根是为芷，其渐之滫[18]，君子不近，庶人不服，其质非不美也，所渐者然也。故君子居必择乡，游必就士，所以防邪僻而近中正也。

物类之起，必有所始。荣辱之来，必象其德[19]。肉腐出虫，鱼枯生蠹。怠慢忘身，祸灾乃作。强自取〔柱〕拆；柔自取束。邪秽在身，怨之所构。施薪若一，火就燥也。平地若一[20]，水就湿也。草木畴[21]生，禽兽群〔焉〕居，物各从其类也。是故质的[22]张而弓矢至焉，林木茂而斧斤至焉，树成荫而众鸟息焉，醯酸而蜹聚焉。故言有召祸也，行有招辱也，君子慎其所立[23]乎！

积土成山，风雨兴焉；积水成渊，蛟龙生焉；积善成德，而神明自得，圣心备焉[24]。故不积跬步[25]，无以至千里；不积小流，无以成江海。骐骥一跃，不能十步；驽马十驾[26]，功在不舍。锲[27]而舍之，朽木不折；锲而不舍，金石可镂。螾[28]无爪牙之利，筋骨之强，上食埃土，下饮黄泉，用心一也。蟹〔六〕八跪[29]而二螯，非蛇蟺[30]之穴，无可寄托者，用心躁也。

是故无冥冥之志者，无昭昭之明；无惛惛之事者，无赫赫之功[31]。行衢卫道者不至[32]，事两君者不容。目不能两视而明，耳不能两听而聪。螣蛇[33]无足而飞，〔梧〕鼫鼠五技而穷[34]。

《诗》[35]曰：“尸鸠在桑，其子七兮。淑人君子，其仪[36]一兮。其仪一兮，心如结兮[37]。”故君子结于一也。

昔者瓠巴鼓瑟而流鱼出听[38]，伯牙鼓琴而六马仰秣[39]。故声无小而不闻，行无隐而不形[40]。玉在山而〔草〕木润，渊生珠而崖不枯[41]。为善不积邪，安有不闻者乎[42]？

学恶乎始？恶乎终？曰：其数则始乎诵《经》，终乎读《礼》[43]；其义则始乎为士，终乎为圣人。真积力久则入，学至乎没而后止也[44]。故学数有终，若其义则不可须臾舍也。为之，人也；舍之，禽兽也。故《书》者，政事之纪也；《诗》者，中声之所止也[45]；《礼》者，法之大分、类[46]之纲纪也。故学至乎《礼》而止矣。夫是之谓道德之极。《礼》之敬文[47]也，乐之中和也，《诗》《书》之博也，《春秋》之微[48]也，在天地之间者毕矣。

君子之学也，入乎耳，箸[49]乎心，布乎四体，形乎动静。端而言，蝡而动，一可以为法则[50]。小人之学也，入乎耳，出乎口。口耳之间则四寸耳，曷足以美七尺之躯哉！古之学者为己，今之学者为人。君子之学也，以美其身；小人之学也，以为禽犊[51]。

故不问而告谓之〔傲〕躁；问一而告二谓之囋[52]。〔傲〕躁，非也，囋，非也，君子如向矣[53]。

学莫便乎近其人[54]。《礼》《乐》法而不说[55]，《诗》

《书》故而不切[56]，《春秋》约而不速[57]。方其人之习君
子之说[58]，则尊以遍〔矣〕，周于世矣。故曰：学莫便乎近
其人。学之经[59]莫速乎好其人，隆礼次之。上不能好其人，
下不能隆礼，安特将学杂〔识〕志，顺《诗》《书》而已
耳[60]。则末世穷年，不免为陋儒而已。将原先王，本仁义，
则礼正其经纬蹊径也。若挈裘领，诎五指而顿[61]之，顺者不
可胜数也。不道礼宪，以《诗》《书》为之[62]，譬之犹以指
测河也，以戈舂黍也，以锥餐壶也[63]，不可以得之矣。故隆
礼，虽未明，法士[64]也；不隆礼，虽察辩，散儒[65]也。

问楛者，勿告也；告楛者，勿问也；说楛[66]者，勿听
也；有争气者，勿与辩也。故必由其道至，然后接之；非其
道则避之。故礼恭而后可与言道之方；辞顺而后可与言道之
理；色从而后可与言道之致[67]。故未可与言而言谓之傲；可
与言而不言谓之隐；不观气色而言谓之瞽。故君子不傲，不
隐，不瞽，谨顺其身。《诗》[68]曰："匪交匪舒[69]，天子
所予"。此之谓也。

百发失一，不足谓善射；千里跬步不至，不足谓善御；
伦类不通[70]，仁义不一[71]，不足谓善学。学也者，固学一
之也[72]。一出焉，一入焉[73]，涂巷之人也。其善者少，不
善者多，桀、纣、盗跖也。全之尽之[74]，然后学者也。

君子知夫不全不粹之不足以为美也，故诵数[75]以贯之，
思索以通之，为其人以处之[76]，除其害者以持养之，使目非

是无欲见也，使耳非是无欲闻也，使口非是无欲言也，使心非是无欲虑也[77]。及至其致好之也，目好之五色，耳好之五声，口好之五味，心利之有天下[78]。是故权利不能倾也，群众不能移也，天下不能荡[79]也。生乎由是，死乎由是，夫是之谓德操。德操然后能定。能定然后能应[80]。能定能应，夫是之谓成人。天〔见〕贵其明，地〔见〕贵其光[81]，君子贵其全[82]也。

----

[1]已：止。　　[2]輮：通"揉"，使之曲。　　[3]槁暴：枯干。暴：晒。挺：直。言虽枯干不能复直。　　[4]参：同"三"。　　[5]干、越：犹言吴、越。吴、干（本作邗）先为敌国，后干并于吴，吴一称干。夷：我国古代称东部的少数民族。貉：同"貊（mò）"，我国古代称东北的少数民族。　　[6]《诗·小雅·小明》篇。　　[7]靖：谋。共（gōng）：具。介：助。景：大。言能谋具其本分，好是正直之道，神而明之，听而从之，自能获得大福。　　[8]为学则自化道，故神莫大焉；修身则自无祸，故福莫长焉。　　[9]跂（qì）：踮着脚。博见：广见。　　[10]利足：捷足。　　[11]能：通"耐"。绝：直度。[12]生：通"性"。　　[13]言假于学。　　[14]蒙鸠：鹪鹩。[15]苕（tiáo）：苇的花。　　[16]射干：一名"乌扇"，花白，茎长，如射人之执竿。本是草本。而曰"木"，单举之则草亦称木。射：音夜（yè）。　　[17]兰槐：香草。　　[18]渐（jiān）：渍染。潃（xiǔ）：溲，臭汁。　　[19]象其德：言德修而荣归，

德荒而辱至。　　　[20]若一：犹言均平。布薪均平，则火就燥而尽焚之。　　　[21]畴：同"俦"，类。　　　[22]质：射侯。的：正鹄。　　　[23]所立：言学。　　　[24]言积善成德而通于神明，则圣心于是乎备。　　　[25]蹞：同"跬"（kuǐ）。蹞步：半步。[26]旦而受驾，至暮脱之，谓之一驾。十驾，十日之程也。言驽马十日行，亦可以及千里。　　　[27]锲（qiè）：刻。　　　[28]螾：同"蚓"。　　　[29]跪：足。　　　[30]蟺（shàn）：同"鳝"。[31]冥冥、惛惛：皆专默精诚之谓。　　　[32]四达谓之衢；但二达亦可谓之衢。此言"衢道"，意取二达，犹曰岐途。　　　[33]螣（téng）：古传为龙类，能兴云雾而游其中。　　　[34]言鼫鼠不能如螣蛇专一，虽具五技——能飞、能缘、能游、能穴、能走——而皆仅能之，无裨于其生，故穷。　　　[35]《诗·曹风·尸鸠》篇。　　　[36]仪：威仪。　　　[37]心如结：言用心坚固。[38]瓠巴：古之善鼓瑟者。流：通"游"。流鱼：游鱼。[39]伯牙：古之善鼓琴者。六马：古者天子路车之马，此处不过随意举之。仰秣：仰首食草，听其声。　　　[40]形：言形于外。　　　[41]枯：枯干也。　　　[42]言为善或不积耳，积则安有不闻于人者乎？　　　[43]数：术。经：谓《诗》《书》。礼：谓《曲礼》之属。　　　[44]真：诚。力：力行。言真积力久之功，始于入学，终于没世。　　　[45]《诗》：言乐章也。言《诗》所以节声音，至乎中和而止。　　　[46]类：谓礼法所无，触类引伸之条教。　　　[47]敬：主乎内者。文：致乎外者。　　　[48]微：谓褒贬劝惩之意，微而弥显。　　　[49]箸：同"著"。　　　[50]端：通"喘"，微言。蠕：微动。一：皆。　　　[51]禽犊：犹言禽兽，馈献之物。言小人之学，将以为酬世之具。　　[52]嚌（zá）：语声繁碎，多话。　　[53]向：同"响"，言如响应声。　　[54]言亲近贤师。　　[55]言有大法而不详说。[56]言但论故事而不委曲切近于人。　　[57]言隐约而不能使人速晓其义。　　[58]方：效。习：通"而"。言效法贤师，而习君子之说，则尊高而遍周于世事。[59]经：道。　　[60]安：或作"案"，《荀子》用此两字，或为语词，或作"则"字，此处盖语词也。特：直，犹言"但"。杂志：杂记之书，百家之说。顺：顺诵其文，记诵教条。　　[61]顿：引。言提挈裘领，屈五指而引之，则全裘之毛皆顺。　　[62]道：由。言作事不由礼法，而以《诗》《书》为之，则不可以得之。　　[63]古人贮食以壶。以锥餐壶，言以锥代箸也。　　[64]法士：好礼法之士。[65]散儒：不自检束，无礼法之儒。　　[66]器物滥恶者谓之"楛"，此处盖言恶。　　[67]色从：心诚服而貌自顺从也。致：极，最高的境界。　　[68]《诗经·小雅·采菽》语。[69]交：通"姣"，侮也。言不侮慢，不急缓。　　[70]言礼法所未该者，不能以其等伦比类而求其通。　　[71]言于仁义不能造次不离。　　[72]言一于道。　　[73]言或善或否。　　[74]之：谓善。　　[75]诵数：犹诵说。　　[76]言自为其人，身体而力行之。　　[77]四"是"字，谓正道。　　[78]致：极点。四"之"字并犹"于"字。目好于五色，耳好于五声，口好于五味，心利于有天下，言所得于学者深，他物不足以尚之。　　[79]荡：动。　　[80]应：应物。　　[81]光：通"广"，古通用。[82]全：即上所云"全之尽之"。

非 相

相人，古之人无有也[1]，学者不道也。古者有姑布子卿[2]，今之世，梁有唐举[3]，相人之形状颜色而知其吉凶妖祥，世俗称之。古之人无有也，学者不道也。

故相形不如论心，论心不如择术[4]。形不胜心，心不胜术。术正而心顺之，则形相虽恶而心术善，无害为君子也；形相虽善而心术恶，无害为小人也。君子之谓吉，小人之谓凶。故长短、小大、善恶形相，非吉凶也。古之人无有也，学者不道也。

盖帝尧长，帝舜短，文王长，周公短，仲尼长，子弓[5]短。昔者卫灵公有臣曰公孙吕，身长七尺，面长三尺，焉[6]广三寸，鼻目耳具[7]，而名动天下。楚之孙叔敖，期思[8]之鄙人也，突秃长左，轩较之下，而以楚霸[9]。叶公子高[10]，微小短脊，行若将不胜其衣。然白公之乱[11]也，令尹子西、司马子期皆死焉[12]；叶公子高入据楚，诛白公，定楚国，如反手尔，仁义功名〔善〕盖于后世。故事不揣长，不揳大，不权〔轻〕重，亦将志乎尔[13]。长短、小大、美恶形相，岂论也哉！且徐偃王之状，目可瞻焉[14]；仲尼之状，面如蒙倛[15]；周公之状，身如断菑[16]；皋陶之状，色如削瓜[17]；

闳夭之状，面无见肤[18]；傅说之状，身如植鳍[19]；伊尹之状，面无须麋[20]；禹跳[21]，汤偏[22]，尧、舜参牟子[23]。从者[24]将论志意，比类文学邪？直将差[25]长短，辨美恶，而相欺傲邪？

古者桀、纣长巨姣美，天下之杰也；筋力越[26]劲，百人之敌也。然而身死国亡，为天下大僇，后世言恶则必稽焉[27]。是非容貌之患也，闻见之不众，论议之卑尔。今世俗之乱君[28]，乡曲之儇子[29]，莫不美丽姚冶[30]，奇衣妇饰，血气态度拟于女子；妇人莫不愿得以为夫，处女莫不愿得以为士[31]，弃其亲家而欲奔之者，比肩并起。然而中君羞以为臣，中父羞以为子，中兄羞以为弟，中人羞以为友，俄则束乎有司而戮乎大市，莫不呼天啼哭，苦伤其今而后悔其始。是非容貌之患也，闻见之不众，论议之卑尔。然则从者将孰可也？

人有三不祥：幼而不肯事长，贱而不肯事贵，不肖而不肯事贤，是人之三不祥也。人有三必穷：为上则不能爱下，为下则好非其上，是人之一必穷也；乡则不若，偝则谩之[32]，是人之二必穷也；知行浅薄，曲直有以相县矣[33]，然而仁人不能推，知士不能明[34]，是人之三必穷也。人有此〔三〕数行者，以为上则必危，为下则必灭。《诗》[35]曰："雨雪瀌瀌，宴然聿消[36]。莫肯下隧，式居屡骄[37]。"此之谓也。

　　人之所以为人者，何已也[38]？曰：以其有辨也。饥而欲
食，寒而欲暖，劳而欲息，好利而恶害，是人之所生而有
也，是无待而然者也，是禹、桀之所同也。然则人之所以为
人者，非特以二足而无毛也，以其有辨也。今夫狌狌[39]形
〔笑〕相，亦二足而无毛也。然而君子啜其羹，食其胾[40]。
故人之所以为人者，非特以其二足而无毛也，以其有辨也。
夫禽兽有父子而无父子之亲，有牝牡而无男女之别。故人道
莫不有辨。

　　辨莫大于分，分莫大于礼，礼莫大于圣王。圣王有百，
吾孰法焉？〔故〕曰：文久而〔息〕灭，节族久而绝[41]，守
法数之有司，极〔礼〕而襭[42]。故曰：欲观圣王之迹，则于
其粲然[43]者矣，后王[44]是也。彼后王者，天下之君也。舍
后王而道上古，譬之是犹舍己之君而事人之君也。故曰：欲
观千岁则数今日，欲知亿万则审一二，欲知上世则审周道，
欲知周道则审其人所贵君子[45]。故曰：以近知远，以一知
万，以微知明。此之谓也。

　　夫妄人曰："古今异情，其所以治乱者异道。"而众人
惑焉。彼众人者，愚而无说，陋而无度者也[46]。其所见焉，
犹可欺也，而况于千世之传[47]也！妄人者，门庭之间，犹可
诬欺也，而况于千世之上乎！

圣人何以不欺？曰：圣人者，以己度者也。故以人度人，以情度情，以类度类[48]，以说度功[49]，以道观尽[50]。古今一〔度〕也。度类不悖[51]，虽久同理。故乡乎邪曲而不迷，观乎杂物而不惑，以此度之。

五帝[52]之外无传人，非无贤人也，久故也。五帝之中无传政，非无善政也，久故也。禹、汤有传政而不若周之察也，非无善政也，久故也。传者久则〔论〕俞[53]略，近则〔论〕俞详，略则举大，详则举小。愚者闻其略而不知其详，闻其〔详〕小而不知其大也，是以文久而灭，节族久而绝。

凡言不合先王，不顺礼义，谓之奸言，虽辩，君子不听。法先王，顺礼义，党学者[54]，然而〔不〕好〔言〕善不乐言，则必非诚士也[55]。故君子之于〔言〕善也，志好之，行安之，乐言之。故君子必辩。

凡人莫不好言其所善，而君子为甚。故赠人以言，重于金石珠玉；〔观〕劝人以言，美于黼黻、文章；听人以言[56]，乐于钟鼓、琴瑟。故君子之于言无厌。

鄙夫反是，好其实，不恤其文[57]，是以终身不免埤污庸俗[58]。故《易》[59]曰："括囊，无咎无誉。"[60]腐儒之谓也。

凡说[61]之难，以至高遇至卑，以至治接至乱，未可直至也[62]，远举则病缪，近〔世〕举则病庸[63]。善者于是间也[64]，亦必远举而不缪，近〔世〕举而不庸，与时迁徒，与世偃仰，缓急嬴绌[65]，府然若〔渠〕梁匽、檃栝之于己也[66]。曲得所谓焉，然而不折伤[67]。

故君子之度己则以绳，接人则用抴[68]。度己以绳，故足以为天下法则矣。接人用抴，故能〔宽〕容〔因求〕众以成天下之大事矣。故君子贤而能容罢[69]，知而能容愚，博而能容浅，粹而能容杂，夫是之谓兼术。《诗》[70]曰："徐方既同，天子之功。"[71]此之谓也。

谈说之术：矜庄以莅之，端诚以处之，坚强以持之，分别以喻之，譬称以明之，欣欢芬芗以送之，宝之，珍之，贵之，神之[72]。如是则说常无不受。虽不说[73]人，人莫不贵。夫是之谓为能贵其所贵。传曰："唯君子为能贵其所贵。"此之谓也。

君子必辩。凡人莫不好言其所善，而君子为甚焉。是以小人辩言险而君子辩言仁也；言而非仁之中也，则其言不若其默也，其辩不若其呐[74]也；言而仁之中也，则好言者上矣，不好言者下也。故仁言大矣。起于上所以道于下，正令是也[75]；起于下所以忠于上，〔谋〕谏救是也。故君子之行仁也无厌。志好之，行安之，乐言之，故〔言〕君子必辩。小辩不如见端[76]，见端不如〔见〕本分[77]。小辩而察，见端而明，本分而理，圣人士君子之分具矣。

有小人之辩者，有士君子之辩者，有圣人之辩者。不先虑，不早谋，发之而当，成文而类[78]，居错迁徙[79]，应变不穷，是圣人之辩者也。先虑之，早谋之，斯须之言而足听[80]，文而致实，博而党正[81]，是士君子之辩者也。听其言则辞辩而无统，用其身则多诈而无功，上不足以顺明王，下不足以和齐百姓，然而口舌之均，噡唯则节[82]，足以为奇伟偃却之属[83]，夫是之谓奸人之雄。圣王起，所以先诛也，然后盗贼次之。盗贼得变[84]，此不得变也。

----

[1]相人：擅相术之人也。下言"古者有姑布子卿"，是古明有相人矣。而荀子以为无有者，世俗所称，学者不道，故虽有直以为无有耳。　　[2]姑布，姓，子卿，名。东周时相赵襄子者。据《韩诗外传》，则其人曾相孔子。　　[3]唐举：战国时相李兑、蔡泽者。　　[4]术：道术。言论心不如审其躬自践履。[5]子弓：孔子弟子仲弓。　　[6]焉：通"颜"，额。　　[7]言如是狭长之面，鼻目耳皆具。　　[8]期思：楚邑。今河南淮滨县东南。　　[9]突秃：头顶秃。长左：左脚长也。轩：曲辀而有藩蔽之车。较（jué）：两旁有可凭倚之车。言孙叔敖貌丑若是，周旋乎轩较之间，不劳甲兵，而能以楚霸。　　[10]叶（shè）公：楚大夫沈尹戌之子，食邑于叶，名诸梁，子高乃字。　　[11]白公：楚太子建之子，平王之孙。作乱事见《左氏传》哀公十六年。　　[12]子西：楚平王子公子申。子期：亦平王子，即公子结。二人皆为白公所杀。　　[13]事：通"士"。揣：度。揳：同"絜"，约。将：且。志：有志于上所称之圣贤。言士不以相论，故不揣摩长短大小轻重，亦且有志于彼数圣贤。

[14]徐：国名，僭称王，古传其有筋而无骨，故曰偃王，周穆王使楚诛之。可：仅可之词。言偃王不能起观细物，直望仅可见马。　　[15]倛（qī）：假面也。蒙倛：戴假面。　　[16]菑：同"椔"，已枯而直立之木。断菑：言其状如断折之枯干。

[17]言如削皮之瓜，为青绿色。　　[18]闳夭：文王臣。面无见肤：言多鬓髯蔽其肤。　　[19]鳍植立于鱼背，特隆起，此以状傅说之背偻。　　[20]麋：同"眉"。　　[21]言禹腿瘸，举步如跳。　　[22]言汤半身不遂。　　[23]参：同"三"。牟子：即眸子。　　[24]从者：犹言学者。　　[25]差：比。　　[26]越：本作"娍"，轻。　　[27]僇：通"戮"，杀戮。稽：考也。言后世言恶，必稽考桀、纣以为证。　　[28]按下文云"中君羞以为臣"，则此不应言"君"，疑当作"世俗之乱民"。　　[29]儇（xuān）：轻薄巧慧。　　[30]姚：美好貌。冶：妖娆。

[31]士：男子未娶之称。　　[32]乡：同"向"。若：顺。偝（bèi）：背之也。谩（màn）：轻慢，没有礼貌。言向既不顺，背又谩之。　　[33]县：同"悬"。曲直：犹能否。有：同"又"。言其能否与人又相悬远。　　[34]明：尊；古者多谓尊为"明"。言不能推重仁人，尊崇知士。　　[35]《诗经·小雅·角弓》。　　[36]瀌（biāo），盛貌。宴然：曣晚之省文（宴、燕古通用），暖。聿：助词。言雨雪至盛，经暖而消。

[37]隧：同"坠"。式：助词。言小人莫肯降下引退，如雪之经暖而消，彼方居其位而屡以骄人。　　[38]已：助词。何已：犹言何。　　[39]狉狉：同"狸狸"。　　[40]截（zì）：切成的大块肉。　　[41]文：礼文。族：聚；节族：即"节奏"。此指礼

言之。　　[42]法：即礼；法数：即礼教。极：疲极。褫（chí）：弛。言有司守礼教，疲极而废弛。　　[43]粲然：明白之貌。　　[44]后王：近世之王。　　[45]所贵君子：言其人所宗仰，一代兴创制显庸之人。　　[46]言其愚陋而不能辩说测度。　　[47]传：传闻。　　[48]类：法也。言触类而长。[49]言以言说度其功业。　　[50]尽：言理之穷极。　　[51]言能度类必无乖悖。　　[52]五帝：传说中的黄帝、颛顼（zhuān xū）、帝喾、唐尧、虞舜。　　[53]俞：通"愈"。　　[54]党：晓。当时楚之方言。言出言可以晓悟学者。　　[55]好善不乐言：好之而不乐言其善。诚士：至诚好善之士。　　[56]言告人以言，使听之。　　[57]言但好其质而不知文饰。　　[58]埤：通"卑"，低下。　　[59]《易·坤卦》六四爻辞。　　[60]括囊：言结囊口而不出。缄闭如是，故无咎亦无誉。　　[61]说（shuì）：游说。　　[62]未可直至：难直达目的。　　[63]缪（miù）：通"谬"，荒谬。言远举上世之事则患缪妄，下举近世之事则患庸鄙。　　[64]言善说者当其际。　　[65]嬴：通"赢"；绌：通"屈"。嬴绌：犹言伸屈。　　[66]府：同"俯"，就物之貌。梁、匽：（匽，通"偃"，偃，即"堰"字）均阻水之堤。檃栝：正木曲之器。言梁、匽所以制水，檃栝所以制木，君子制人，亦犹此。　　[67]言委曲得其意之所谓，然而不以是折伤其身。　　[68]抴：当为"枻"。枻，檠枻，正弓弩之器。言君子正己则以绳墨，接人则如檠枻之正弓弩。[69]罢（pí）：言不贤无行者。　　[70]《诗经·大雅·常武》。　　[71]徐：古国名，故城在今安徽泗县北。言君子容物，亦犹天子之同徐方。　　[72]芬芗：和气。言对于谈说，宜欣欢和调以将之。　　[73]说：通"悦"。　　[74]呐：同"讷"。　　[75]道：同"导"。正令：政令。　　[76]小辩：言辩说小事。见端：见端首。　　[77]本分：言本其一定之分。

[78]言成文理而不失其类。　　[79]居：通"举"。言举动、措置及迁徙。　　[80]斯须：须臾，一会儿。言斯须发言，已可听。　　[81]党：类。言文饰而能致其实，广博而能类乎正。

[82]之：犹"则"。噡：通"詹"，小辩。唯：唯诺。言口舌则调均，或辩或唯则皆中节。　　[83]奇伟：夸大。偃却：犹偃仰，即偃蹇。言奸人口辩，适足以自夸大偃蹇而已。　　[84]变：言教而化之。

非十二子

假今之世[1]，饰邪说，文奸言，以〔枭〕浇乱天下，矞宇嵬琐[2]，使天下混然不知是非治乱之所存者有人矣。

纵情性，安恣睢[3]，禽兽行，不足以合文通治；然而其持之有故，其言之成理，足以欺惑愚众，是它嚣、魏牟[4]也。

忍情性，綦豁利跂[5]，苟以分异人为高[6]，不足以合大众，明大分[7]；然而其持之有故，其言之成理，足以欺惑愚众，是陈仲、史䲡[8]也。

不知壹天下，建国家之权称，上功用，大俭约，而僈差等[9]，曾不足以容辨异、县君臣[10]；然而其持之有故，其言之成理，足以欺惑愚众，是墨翟、宋钘[11]也。

尚法而无法，〔下修〕不循而好作[12]，上则取听于上，下则取从于俗[13]，终日言成文典，反紃[14]察之，则偶然[15]无所归宿，不可以经国定分；然而其持之有故，其言之成理，足以欺惑愚众，是慎到、田骈[16]也。

不法先王，不是礼义[17]，而好治怪说，玩琦[18]辞，甚察而不〔惠〕急[19]，辩而无用，多事而寡功，不可以为治纲纪；然而其持之有故，其言之成理，足以欺惑愚众，是惠施、邓析[20]也。

略法先王而不知其统，〔犹〕然而犹材剧志大，闻见杂博，案往旧造说，谓之五行[21]，甚僻违而无类[22]，幽隐而无说，闭约而无解，案饰其辞而祗敬之曰："此真先君子之言也。"子思唱之，孟轲和之[23]，世俗之沟〔犹〕瞀[24]儒，嚾嚾然[25]不知其所非也，遂受而传之，以为仲尼、子〔游〕弓为兹厚于后世[26]，是则子思、孟轲之罪也。

若夫总方略，齐言行，壹统类，而群[27]天下之英杰，而告之以大〔古〕道，教之以至顺；奥窔之间[28]，簟席之上，〔敛〕歛然圣王之文章具焉，佛然平世之俗起焉[29]；六说者不能入也，十二子者不能亲也；无置锥之地，而王公不能与之争名，在一大夫之位，则一君不能独畜，一国不能独容[30]，成名况乎诸侯[31]，莫不愿以为臣，是圣人之不得势者也，仲尼、子弓是也。

一天下，财[32]万物，长养人民，兼利天下，通达之属[33]，莫不从服；六说者立息，十二子者迁化[34]，则圣人之得势者，舜、禹是也。

今夫仁人也，将何务哉？上则法舜、禹之制，下则法仲尼、子弓之义，以务息十二子之说。如是则天下之害除，仁人之事毕，圣王之迹著矣。

信信，信也；疑疑，亦信也。贵贤，仁也；贱不肖，亦仁也。言而当，知也；默而当，亦知也。故知默犹知言也。
故多言而类，圣人也；少言而法，君子也；多少无法而流
湎[35]然，虽辩，小人也。

故劳力而不当民务，谓之奸事；劳知而不律[36]先王，谓
之奸心；辩说譬谕、齐给便利[37]而不顺礼义，谓之奸说。此
三奸者，圣王之所禁也。

知而险[38]，贼而神[39]，为[40]诈而巧，〔言〕无用而辨[41]，
〔辩〕不〔惠〕急而察，治之大殃也。行辟[42]而坚，饰非而
好[43]，玩奸而泽[44]，言辩而逆，古之大禁也。知而无法，勇
而无惮，察辩而操僻，淫大而用〔之〕乏[45]，好奸而与众[46]，
利足而迷[47]，负石而坠[48]，是天下之所弃也。

兼服天下之心：高上尊贵不以骄人，聪明圣知不以穷
人，齐给速通不争先人，则毅勇敢不以伤人；不知则问，不
能则学，虽能必让，然后为德。遇君则修臣下之义，遇乡[49]
则修长幼之义，遇长则修子弟之义，遇友则修礼节辞让之
义，遇贱而少者则修告导宽容之义。无不爱也，无不敬也，
无与人争也，恢然如天地之苞[50]万物，如是则贤者贵之，不
肖者亲之。如是而不服者，则可谓讹[51]怪狡猾之人矣，虽则
子弟之中，刑及之而宜。《诗》[52]云："匪上帝不时[53]，
殷不用旧。虽无老成人，尚有典刑[54]。曾是莫听[55]，大命
以倾。"此之谓也。

　　古之所谓〔士〕仕士[56]者，厚敦者也，合群者也，乐〔富〕可贵者也[57]，乐分施者也[58]，远罪过者也，务事理者也[59]，羞独富者也。今之所谓〔士〕仕士者，污漫者也，贼乱者也，恣睢者也，贪利者也，触抵者也[60]，无礼义而唯权势之嗜者也。

　　古之所谓处士[61]者，德盛者也，能静者也[62]，修正者也，知命者也，箸〔是〕定者也[63]。今之所谓处士者，无能而云能者也，无知而云知者也[64]，利心无足而佯无欲者也，行伪险秽而强高言谨悫者也，以不俗为俗[65]，离纵而〔跂〕毁訾者也[66]。

　　士君子之所能不能为：君子能为可贵[67]，不能使人必贵己；能为可信，不能使人必信己；能为可用[68]，不能使人必用己。故君子耻不修，不耻见污；耻不信，不耻不见信；耻不能，不耻不见用。是以不诱于誉，不恐于诽，率道而行，端然正己，不为物倾侧，夫是之谓诚君子。《诗》[69]云：“温温恭人[70]，维德之基。”此之谓也。

　　士君子之容：其冠进[71]，其衣逢[72]，其容良，俨然，壮然，祺然，蕼然，恢恢然，广广然，昭昭然，荡荡然[73]，是父兄之容也。其冠进，其衣逢，其容悫，俭然，恀然，辅然，端然，訾然，洞然，缀缀然，瞀瞀然[74]，是子弟之容也。

吾语汝学者之嵬容[75]：其冠〔绂〕俛，其缨禁缓[76]，其容简连[77]；填填然，狄狄然，莫莫然，瞡瞡然，瞿瞿然，尽尽然，盱盱然[78]，酒食声色之中则瞒瞒然，瞑瞑然[79]；礼节之中则疾疾然，訾訾然[80]；劳苦事业之中则儢儢然，离离然[81]，偷儒[82]而罔，无廉耻而忍謑詢[83]，是学者之嵬也。

弟佗[84]其冠，神襌[85]其辞，禹行而舜趋，是子张氏之贱儒也。正其衣冠，齐其颜色，嘿然[86]而终日不言，是子夏氏之贱儒也。偷儒惮事，无廉耻而耆饮食，必曰君子固不用力，是子游氏之贱儒也[87]。

彼君子则不然，佚而不惰，劳而不僈[88]，宗原[89]应变，曲得其宜。如是，然后圣人也。

----

[1]今之世：指战国时期。言假如今之世。　　[2]乔：同"谲"。宇：通"訏"。乔宇：犹言谲诡，即怪诞。嵬琐：犹言委琐。嵬、委声近，故相通借。　　[3]恣睢：放纵暴戾。言不足以合于礼文，通于治道。　　[4]它嚣：不详何代人。魏牟：魏之公子，约与庄子同时。　　[5]綦：极。谿：有"深"义。利：同"离"。跂：踮着脚。言极深至刻，离世独立。　　[6]言苟求别异于人以为高行。　　[7]大分：礼。　　[8]陈仲：齐人，处於陵，不食兄禄，辞富贵，为人灌园，号曰"於陵仲子"；孟子尝识之。史鰌：卫大夫。　　[9]上：同"尚"。大：以此为大。僈：轻视，轻慢。　　[10]容辨异：言于其间有所分别。县：同"悬"。县君臣：言无君以制臣，无上以制下。　　[11]墨翟：

鲁人，其生后于孔子五六十年。宋钘（xíng）：宋人，与孟子同时。　　[12]言明言尚法而已实无法，不循旧则而好事创作。[13]取听、取从：言能使上下皆听从之。　　[14]紃：同"循"。反紃：犹反复。　　[15]偄然：疏远貌。　　[16]慎到：赵人，时代先于申、韩。本黄、老之术，明不尚贤不使能之道。田骈：齐人，其学本黄、老，大归名、法。　　[17]言不以礼义为是。[18]琦：通"奇"。　　[19]言甚察而不急于用。　　[20]惠施：梁相，与庄子同时。邓析：郑大夫，好刑名，操两可之说，设无穷之辞。　　[21]案：考，推求。往旧：往古。造说：臆造而为说。五行：即五常，仁、义、礼、智、信。　　[22]僻违：邪僻。类：法。言邪僻而无法。　　[23]子思：孔子之孙，名伋。孟轲，邹人，字子舆。　　[24]沟瞀（mào）：愚暗。　　[25]讙讙（huān）然：喧嚣之貌。　　[26]厚：重。言俗儒以为仲尼、子弓之道，因子思、孟子而见重于后世。　　[27]群：会合。[28]室西南隅谓之"奥"，东南隅谓之"窔"（yǎo）。言不出于堂室。　　[29]歍然：聚集貌。佛：通"勃"；佛然：兴起貌。　　[30]言当世不知其贤，仅使居大夫之位，则旋即舍去，故无一君一国能畜之容之。　　[31]成：与"盛"通；成名：即盛名。况：赐。言以盛名为诸侯赐。大贤所至，莫不以为荣幸，若受其赐然。　　[32]财：成。　　[33]言舟车所至，人力所通者。　　[34]言迁其道而从化。　　[35]流：通"沉"。沉湎，溺而不返，状其无法度。　　[36]律：法。　　[37]齐：疾。给：急。便利：亦谓言辞敏捷。　　[38]言知巧而险恶。　　[39]言贼害于物而机变若鬼神。　　[40]为：通"伪"。　　[41]此"辩"

字非辩说，盖与智慧同义。　　[42]辟：通"僻"。　　[43]言其文饰非礼而美好。　　[44]言玩弄奸巧而使有润泽也（不留痕迹）。　　[45]大：通"汰"。淫汰：骄侈过甚。言淫汰而财用匮乏。　　[46]言好奸而党与众多。　　[47]利足：捷足。言捷足而迷，失途愈远。　　[48]负石：负重。言没水愈深。　　[49]遇乡：在乡党之中。　　[50]苞：同"包"。　　[51]訞：同"妖"。　　[52]《诗经·大雅·荡》。取此以喻奸人之归结。　　[53]时：是。言非上帝之不是。　　[54]典刑：常规故法。刑：通"型"。　　[55]言此而曾莫能听用。　　[56]仕士：出仕之士。　　[57]可贵：盖指道。言乐其道。　　[58]分施：均遍而不偏。　　[59]言务使事有条理。　　[60]言触犯罪过。

[61]处士：不仕者。　　[62]能静：言安时处顺。　　[63]言有定守，不流移。　　[64]云能、云知：自言其能、自言其知。

[65]言以不合俗人自为其俗。　　[66]言离俗放纵，以毁訾世人自高。　　[67]可贵：谓道德。　　[68]可用：谓才能。

[69]《诗经·大雅·抑》。　　[70]温温：宽柔貌。恭人：恭敬之人。　　[71]进：通"峻"，音近通用，高。　　[72]逢：宽大。　　[73]俨然：矜庄貌。壮然：不可犯貌。祺：吉祥；祺然：言安泰不忧惧貌。薛：当为"肆"；薛然：言宽舒貌。恢恢、广广：皆宽大容众貌。昭昭：明显貌。荡荡：坦夷貌。

[74]俭然：自卑谦貌。恀（shì）：为"姼"（shí）之假字；恀然：好貌。辅然：相亲附貌。端然：不倾倚貌。訾：同"孳"；訾然：柔弱貌。洞然：恭敬貌。缀缀然：不乖离貌。瞀瞀（mào）然：不敢正视貌。　　[75]崐容：怪异之容。

[76]缨：系冠的带子。禁：通“紟”，腰带。缓：宽松。言其缨大如带而缓。　[77]简连：傲慢不前貌。　[78]填填然：满足貌。狄：同“逖”，远，言疏散貌。莫：大，言矜大貌。瞡瞡（guī）：自得貌。瞿瞿然：左右顾望貌。尽尽然：极视尽物貌。盱盱（xū）然：张目直视貌。　[79]瞒瞒然：闭目貌。瞑瞑然：视不审貌。　[80]疾疾然：憎疾貌。訾訾然：毁訾貌。[81]偯偯、离离：均谓不耐烦苦，懒散疏脱貌。　[82]儒：通“懦”。　[83]謑（xǐ）：诟骂。询：通“诟”。謑询：辱骂。　[84]弟佗：帽子戴得歪歪斜斜，颓唐之貌。　[85]神禫：当为“冲澹”，言其言淡薄。　[86]嗛（qiǎn）：口有所衔也。言缄默。　[87]耆：同“嗜”。三言“贱儒”，盖谓若其人者，虽列子张、子夏、子游之门，而不免可贱。　[88]言虽逸而不懈惰，虽劳而不弛慢。　[89]言以本原为宗。

儒　效

　　大儒之效[1]：武王崩，成王幼，周公屏成王而及武王[2]，以属天下[3]，恶天下之倍[4]周也。履天下之籍[5]，听天下之断，偃然[6]如固有之，而天下不称贪焉；杀管叔，虚[7]殷国，而天下不称戾焉；兼制天下，立七十一国，姬姓独居五十三人，而天下不称偏焉。教诲开导成王，使谕于道，而能掩迹[8]于文、武。周公归周[9]，反籍于成王，而天下不辍事周，然而周公北面而朝之。天子也者，不可以少当也[10]，不可以假摄为也[11]。能则天下归之，不能则天下去之，是以周公屏成王而及武王，以属天下，恶天下之离周也。成王冠，成人，周公归周反籍焉，明不灭主之义也。周公〔无天下矣〕乡[12]有天下，今无天下，非擅也[13]；成王乡无天下，今有天下，非夺也，变势次序，节然也[14]。故以枝[15]代主而非越也，以弟诛兄[16]而非暴也，君臣易位而非不顺也。因天下之和，遂文、武之业，明枝主之义，抑亦变化矣，天下厌然[17]犹一也。非圣人莫之能为。夫是之谓大儒之效。

　　秦昭王问孙卿子[18]曰："儒无益于人之国？"

　　孙卿子曰："儒者法先王，隆礼义，谨乎臣子而致贵其上者也[19]。人主用之，则势在本朝而宜[20]；不用，则退编百姓而悫。必为顺下矣。虽穷困冻馁[21]，必不以邪道为贪。无置锥之地，而明于持社稷之大义。呜呼而莫之能应[22]，然而通乎财[23]万物，养百姓之经纪。势在人上[24]，则王公之材也；在人下，则社稷之臣、国君之宝也。虽隐于穷阎漏屋[25]，人莫不贵，〔之〕贵道诚存也[26]。

"仲尼将为司寇，沈犹氏不敢朝饮其羊，公慎氏出其妻，慎溃氏逾境而徙，鲁之粥牛马者不豫贾[27]。〔必蚤〕脩正以待之也[28]。居于阙党，阙党之子弟罔不[29]分，有亲者取多，孝弟以化之也。儒者在本朝则美政，在下位则美俗，儒之为人下如是矣。"

王曰："然则其为人上何如？"

孙卿曰："其为人上也广大矣：志意定乎内，礼节修乎朝，法则度量正乎官[30]，忠信爱利形[31]乎下，行一不义、杀一无罪而得天下，不为也。此〔君〕若义[32]信乎人矣，通于四海，则天下应之如谨[33]。是何也？则贵名白[34]而天下治也。故近者歌讴而乐之，远者竭蹶[35]而趋之，四海之内若一家，通达之属[36]莫不从服，夫是之谓人师。《诗》[37]曰：'自西自东，自南自北，无思不服。'此之谓也。

"夫其为人下也如彼，其为人上也如此，何谓其无益于人之国也？"

昭王曰："善。"

先王之道，仁之隆也，比中而行之[38]。曷谓中？曰：礼义是也。道者，非天之道，非地之道，人之所以道也，君子之所道也[39]。

君子之所谓贤者，非能遍能人之所能之谓也；君子之所谓知者，非能遍知人之所知之谓也；君子之所谓辩者，非能遍辩人之所辩之谓也；君子之所谓察者，非能遍察人之所察之谓也；有所〔正〕止矣[40]。相高下，视墝肥，序五种[41]，君子不如农人；通财货，相美恶，辩贵贱，君子不如贾人；设规矩，陈绳墨，便备用[42]，君子不如工人；不恤是非然不〔然〕之情[43]，以相荐撙，以相耻怍[44]，君子不若惠施、邓析。若夫〔谪〕譎德而定次[45]，量能而授官，使贤不肖皆得其位，能不能皆得其官，万物得其宜，事变得其应，慎、墨不得进其谈，惠施、邓析不敢窜其察[46]，言必当理，事必当务，是然后君子之所长也。

凡事行，有益于理者立之；无益于理者废之。夫是之谓中[47]事。凡知说，有益于理者为之；无益于理者舍之。夫是之谓中说。事行失中谓之奸事，知说失中谓之奸道。奸事奸道，治世之所弃，而乱世之所从服也。

若夫充虚之相施易也[48]，坚白、同异之分隔也[49]，是聪耳之所不能听也，明目之所不能见也，辩士之所不能言也，虽有圣人之知，未能偻指也[50]。不知无害为君子，知之无损为小人。工匠不知无害为巧，君子不知无害为治。王公好之则乱法，百姓好之则乱事。而狂惑戆陋之人，乃始率其群徒，辩其谈说，明其辟称[51]，老身长子[52]，不知恶也。

夫是之谓上愚。曾不如相鸡狗之可以为名也。《诗》[53]曰：
"为鬼为蜮，则不可得。有靦面目，视人罔极。作此好歌，
以极反侧。"[54]此之谓也。

我欲贱而贵，愚而智，贫而富，可乎？

曰：其唯学乎。彼学者，行之，〔曰〕士也[55]；敦慕焉[56]，
君子也；知之[57]，圣人也。上为圣人，下为士君子，孰禁我
哉！乡也，混然涂之人也，俄而[58]并乎尧、禹，岂不贱而贵
矣哉！乡也，效[59]门室之辨，混然曾不能决也，俄而原仁
义，分是非，〔图〕圆回[60]天下于掌上而[61]辩白黑，岂不愚
而知矣哉！乡也，胥靡之人[62]，俄而治天下之大器举[63]在
此，岂不贫而富矣哉！今有人于此，屑然藏千溢之宝[64]，
虽行貣[65]而食，人谓之富矣。彼宝也者，衣之不可衣也，食
之不可食也，卖之不可偻售也。然而人谓之富，何也？岂不
大富之器诚在此也？是杅杅[66]亦富人已，岂不贫而富矣哉！
故君子无爵而贵，无禄而富，不言而信，不怒而威，穷处而
荣，独居而乐，岂不至尊、至富、至重、至严之情举积此
哉！

故曰：贵名[67]不可以比周[68]争也，不可以夸诞有也，
不可以势重协[69]也，必将诚此然后就也。争之则失，让之则
至，遵〔道〕遁则积[70]，夸诞则虚[71]。故君子务修其内而让
之于外，务积德于身而处之以遵〔道〕遁。如是，则贵名起
如日月，天下应之如雷霆。故曰：君子隐而显，微而明，辞

让而胜。《诗》[72]曰："鹤鸣于九皋[73]，声闻于天。"此
之谓也。鄙夫反是。比周而誉俞少[74]，鄙争而名俞辱，烦劳
以求安利，其身俞危。《诗》[75]曰："民之无良，相怨一
方[76]。受罚不让，至于己斯亡[77]。"此之谓也。

　　故能小而事大，辟之是犹力之少而任重也，舍粹[78]折无
适也。身不肖而诬贤，是犹伛〔伸〕身而好升高也，指其顶[79]
者愈众。故明主谲[80]德而序位，所以为不乱也；忠臣诚能
然后敢受职，所以为不穷也。分不乱于上，能不穷于下，治
辩[81]之极也。《诗》[82]曰："平平左右，亦是率从。"[83]
是言上下之交不相乱也。

　　以从俗为善，以货财为宝，以养生[84]为己至道，是民德
也[85]。行法至坚[86]，不以私欲乱所闻，如是，则可谓劲士
矣。行法志坚，好修正其所闻以桥饰其情性[87]；其言多当矣
而未〔谕〕论[88]也，其行多当矣而未安也，其知虑多当矣而
未周密也；上则能大其所隆[89]，下则能开道不己若者，如
是，则可谓笃厚君子矣。修百王之法若辨白黑，应当时之变
若数一二；行礼要节而安之若〔生〕运四枝[90]，要时立功之
巧若诏四时[91]；平正和民之善，亿万之众而〔博〕搏[92]若
一人，如是，则可谓圣人矣。

　　井井兮其有理也[93]，严严[94]兮其能敬己也，〔分分〕
介介[95]兮其有终始也，厌厌[96]兮其能长久也，乐乐兮其执
道不殆也[97]，炤炤[98]兮其用知之明也，修修兮其〔用〕统

类之行也[99]，绥绥[100]兮其有文章也，熙熙兮其乐人之臧也[101]，隐隐[102]兮其恐人之不当也，〔如是则曷谓一？曰：可谓圣人矣。〕此其道出乎一。曷谓一？曰执神而固。曷谓神？曰：尽善挟[103]治之谓神。曷谓固？曰：万物莫足以倾之之谓固。神固之谓圣人。

圣人也者，道之管也[104]。天下之道管是矣，百王之道一是矣。故《诗》《书》《礼》《乐》之道归是矣。《诗》言是，其志也；《书》言是，其事也；《礼》言是，其行也；《乐》言是，其和也；《春秋》言是，其微[105]也。故《风》之所以为不逐[106]者，取是以节之也；《小雅》之所以为《小雅》者，取是而文之也；《大雅》之所以为《大雅》者，取是而光[107]之也；《颂》之所以为至者，取是而通之也，天下之道毕是矣。乡是者臧，倍是者亡[108]。乡是如不臧，倍是如不亡者，自古及今，未尝有也。

客有道曰："孔子曰：'周公其盛乎！身贵而愈恭；家富而愈俭；胜敌而愈戒。'"

应之曰："是殆非周公之行，非孔子之言也。武王崩，成王幼，周公屏成王而及武王，履天子之籍，负扆[109]而〔坐〕立，诸侯趋走堂下。当是时也，夫又谁为恭矣哉！兼制天下，立七十一国，姬姓独居五十三人焉，周之子孙苟不狂惑者，莫不为天下之显诸侯。孰谓周公俭哉！武王之诛纣也，行之日以兵忌[110]，东面而迎太岁[111]，至汜而泛，至怀而坏[112]，至共头而山隧[113]。霍叔[114]惧曰：'出三日而五灾至，无乃不可乎？'周公曰：'刳比干而囚箕子[115]，飞廉、恶来[116]知政，夫又恶有不可焉！'遂选马而进[117]，朝食于戚，暮宿于百泉[118]，〔厌〕旦厌于牧之野[119]。鼓之而纣卒易乡[120]。遂乘[121]殷人而诛纣，盖杀者非周人，因殷人也。故无首虏之获[122]，无蹈难之赏[123]。反而定三革，偃五兵[124]，合天下，立声乐，于是《武》《象》起而《韶》《濩》废矣[125]。四海之内，莫不变心易虑以化顺之，故外阖[126]不闭，跨天下而无蕲[127]。当是时也，夫又谁为戒矣哉！"

造父[128]者，天下之善御者也，无舆马则无所见其能。羿[129]者，天下之善射者也，无弓矢则无所见其巧。大儒者，善调一天下者也，无百里之地则无所见其功。舆固马选矣，而不能以至远一日而千里，则非造父也。弓调矢直矣，而不能以〔射〕及远中微，则非羿也。用百里之地，而不能以调一天下，制强暴，则非大儒也。

彼大儒者，虽隐于穷阎漏屋，无置锥之地，而王公不能与之争名；〔在一大夫之位，则一君不能独畜，一国不能独容，成名况乎诸侯，莫不愿得以为臣。〕用百里之地，而千里之国莫能与之争胜；笞棰暴国，齐一天下，而莫能倾[130]也。是大儒之征[131]也。其言有类[132]，其行有礼，其举事无悔，其持险应变曲当[133]；与时迁徙，与世偃仰，千举万变，其道一也。是大儒之稽[134]也。其穷也，俗儒笑之；其通也，英杰化之，嵬琐逃之，邪说畏之，众人愧之。通则一天下，穷则独立贵名，天不能死，地不能埋[135]，桀、跖之世不能污，非大儒莫之能立，仲尼、子弓是也。

　　故有俗人者，有俗儒者，有雅儒者，有大儒者。不学问，无正义，以富利为隆，是俗人者也。逢衣浅带[136]，解果[137]其冠，略法先王而足乱世术，缪学杂举，不知法后王而一制度，不知隆礼义而〔杀〕敦《诗》《书》；其衣冠行伪[138]已同于世俗矣，然而不知恶；〔者〕其言议谈说已无以异于墨子矣，然而明不能别；呼先王以欺愚者而求衣食焉，得委积足以掩其口则扬扬如也[139]；随其长子[140]，事其便辟[141]，举[142]其上客，偊然[143]若终身之虏而不敢有他志，是俗儒者也。法后王，一制度，隆礼义而〔杀〕敦《诗》《书》；其言行已有大法矣，然而明不能齐法教之所不及，闻见之所未至，则知不能类也[144]；知之曰知之，不知曰不知，内不自以诬，外不自以欺[145]，以是尊贤畏法而不敢怠傲，是雅儒者也。法先王[146]，统礼义，一制度，以浅持博，以古持今，以一持万，苟仁义之类也，虽在鸟兽之中，若别白黑[147]；倚[148]物怪变，所未尝闻也，所未尝见也，卒然[149]起一方，则举统类而应之，无所儗〔怃〕怍[150]，张法而度之，则晻然[151]若合符节，是大儒者也。

　　故人主用俗人则万乘之国亡，用俗儒则万乘之国存[152]，用雅儒则千乘之国安，用大儒则百里之地久，而后三年[153]，天下为一，诸侯为臣，用万乘之国则举错而定，一朝而伯[154]。

不闻不若闻之，闻之不若见之，见之不若知之，知之不若行之。学至于行之而止矣。行之，明也，明之为圣人。圣人也者，本仁义，当是非，齐言行，不失豪厘[155]。无它道焉，已乎[156]行之矣。故闻之而不见，虽博必谬；见之而不知，虽识必妄[157]；知之而不行，虽敦必困[158]。不闻不见，则虽当[159]，非仁也，其道百举而百陷也。

故人无师无法而知，则必为盗；勇，则必为贼；〔云〕能，则必为乱；察，则必为怪；辩，则必为诞。人有师有法而知，则速通；勇，则速威；〔云〕能，则速成；察，则速尽；辩，则速论[160]。故有师法者，人之大宝也；无师法者，人之大殃也。人无师法则隆性矣；有师法则隆积[161]矣。而师法者，所得乎〔情〕积，非所受乎性[162]，性不足以独立而治[163]。性也者，吾所不能为也，然而可化也；〔情〕积也者，非吾所有也，然而可为也。注错[164]习俗，所以化性也；并一而不二[165]，所以成积也。习俗移志，安久移质[166]。并一而不二，则通于神明，参于天地矣。故积土而为山，积水而为海，旦暮积谓之岁，至高谓之天，至下谓之地，宇中六指[167]谓之极，涂之人百姓[168]积善而全尽谓之圣人。彼求之而后得，为之而后成，积之而后高，尽之而后圣。故圣人也者，人之所积也。人积耨耕而为农夫，积斲[169]削而为工匠，积反[170]货而为商贾，积礼义而为君子。

工匠之子莫不继事[171]，而都国之民安习其服[172]，居楚而楚，居越而越，居夏[173]而夏，是非天性也，积靡使然也[174]。故人知谨注错，慎习俗，大积靡，则为君子矣；纵性情而不足问学，则为小人矣。为君子则常安荣矣，为小人则常危辱矣。凡人莫不欲安荣而恶危辱，故唯君子为能得其所好，小人则日徼[175]其所恶。《诗》[176]曰："维此良人，弗求弗迪；维彼忍心，是顾是复。民之贪乱，宁为荼毒。"[177]此之谓也。

人论[178]：志不免于曲私而冀人之以己为公也，行不免于污漫[179]而冀人之以己为修也；〔其〕甚愚陋沟瞀[180]，而冀人之以己为知也，是众人[181]也。志忍[182]私然后能公，行忍〔情〕性然后能修，知而好问[183]然后能才，公修而才，可谓小儒矣。志安公，行安修，知通统类，如是则可谓大儒矣。大儒者，天子三公也。小儒者，诸侯大夫士也。众人者，工农商贾也。礼者，人主之所以为群臣寸尺寻丈检式也[184]，人伦尽矣。

君子言有坛宇，行有防表，道有一隆[185]。言〔道德〕政治之求，不下于安存[186]；言志意之求，不下于士[187]；言道德之求，不二[188]后王。道过三代谓之荡[189]；法二后王谓之不雅[190]。高之下之，小之〔臣〕巨之，不外是矣[191]。是君子之所以聘志意于坛宇宫庭也[192]。故诸侯问政不及安存，则不告也；匹夫问学不及为士，则不教也；百家之说不及后王，则不听也。夫是之谓君子言有坛宇，行有防表也。

----

[1]效：功，验。　　[2]屏（bǐng）：退。及：继。　　[3]属：系。言以维系天下。　　[4]倍：背叛。　　[5]籍：位。[6]偃然：犹安然。　　[7]虚：通"墟"，使成废墟。　　[8]掩迹：追步。　　[9]言以周之天下归诸成王。　　[10]言不可以幼少之年当此位。　　[11]言不可出之以摄代。　　[12]乡：同"向"，从前。　　[13]擅：同"禅"。言周公非禅让与成王。　　[14]节然：犹适然。言其权变次序，均适然。[15]枝：枝子。周公为武王之弟，故曰"枝"。　　[16]言周公杀其兄管叔。　　[17]厌然：安然。　　[18]孙卿子：即荀子。荀、孙音近，故通用。　　[19]谨乎臣子之分而尊崇其上。[20]言位在本朝而合宜。　　[21]馁：同"馁"，饥饿。[22]呜呼：呼召也。言儒者穷困之时，呼召而莫之肯应。[23]财：成。　　[24]言为人君。　　[25]闾：巷也。漏：通"陋"，简陋。　　[26]贵道：至大之道。言大道固存乎其身。　　[27]粥（yù）：同"鬻"，卖。豫：诳骗。言市之鬻牛马者不敢以诳行贾。　　[28]脩：同"修"（后从改），言修正其在己者以临之，故能如此。　　[29]罔不：当作"罔罘"。罘（fú），罔也。言阙党子弟从事畋猎，所获辄相通，有父母者则取其多。　　[30]官：职务之所。　　[31]形：见。　　[32]此若：犹"此"，古人有此复语耳。此若义：即"此义"。[33]谨：喧，齐声应答。　　[34]白：显。言儒术可贵之名表显于天下。　　[35]竭蹶：劳苦不休。言远者不辞劳苦趋之，如恐不

及。　　　[36]言舟车所至，人力所通者。　　　[37]《诗经·大雅·文王有声》。　　　[38]仁：通"人"。比：顺从。中：中正适当。言先王之道，为人所隆重，以其从中道而行。　　　[39]"人之所以道也"，"君子之所道也"，二"道"字均训"行"。言道者，人之所以行。然而人莫能行之，唯君子为能行之。[40]言止于礼义。　　　[41]垮：贫瘠的土地。五种：黍、稷、豆、麦、麻。序：言不失次序，各当土宜。　　　[42]便备用：犹言便械用。　　　[43]恤：顾。"然不之情"之"不"即"否"字。[44]荐：藉。挶：抑。荐挶：言相陵驾。怍：惭。　　　[45]谲：古通"决"。言决其德之大小而定位次。　　　[46]窜：容。言二子无所容其察辨。　　　[47]中：言礼义之中。　　　[48]充：实也。施（yì）：通"移"。言以实为虚，以虚为实。　　　[49]坚白：指公孙龙之说。其说曰："'坚白石，三，可乎？'曰：'不可。''二，可乎？'曰：'可。'"言目视则见白而不知坚，谓之白石，手触则知坚而不知白，谓之坚石：是坚白终不可合为一。同异：指庄子之说。其说曰："大同而与小同异，此之谓小同异。万物毕同毕异，此之谓大同异。"言同在天地之间，故谓大同。物又各有种类所同，故谓小同。此略举同异，故曰："此之谓小同异"。万物总谓之物，故谓毕同。分而察之，各具特性殊状，故谓毕异。此具举同异，故曰："此之谓大同异"。一说：坚白盖公孙龙坚石非石、白马非马之说；同异则谓使异者同、同者异。分隔：犹言剖析。　　　[50]偻（lóu）：疾。言圣人亦不能疾速指陈。　　　[51]辟：同"譬"。辟称：言其所取譬称引。　　　[52]言为之至于身老子长，即终身以之之意。　　　[53]《诗经·小雅·

《何人斯》。　　[54]蜮：古谓之短狐，相传能含沙射人为灾。反侧：反复不正直。言汝为鬼为蜮，则不可得而见。汝乃人，腼然有面目与人相视，无穷极之时。是以作此好歌，以究极尔反侧之心。　　[55]言彼为儒学而能行之者，则是士也。　　[56]敦慕：勉力。　　[57]言通于学。　　[58]俄而：突然间。　　[59]效：考。　　[60]圜：同"圆"。圜回，犹圆转。　　[61]而：通"如"。　　[62]胥：疏。靡：无。言空无所有之人。[63]举：皆。　　[64]屑然：琐细之貌。溢：即"镒"，合古制二十两。　　[65]貣（tè）：乞。　　[66]杅杅：即"于于"，广足之貌。状学之富。　　[67]贵名：人所贵儒学之名。　　[68]比周：结党营私。　　[69]势重：高位。协：挟。　　[70]遵遁：即"逡巡"，却退。言却退则自委积，承上"让之则至"而言。[71]此承上"争之则失"而言。　　[72]《诗经·小雅·鹤鸣》。取以喻身隐而名著。　　[73]皋：泽。九：为数之极，借以言极远。　　[74]誉：通"与"，党与。俞：通"愈"。言虽比周以求党与，而党与愈少。　　[75]《诗经·小雅·角弓》。[76]一方：言各据一面。取以喻不责己而怨人。　　[77]言终于亡而已。　　[78]粹：通"碎"。　　[79]言指其顶而笑之。[80]谲：通"决"。决断。　　[81]辩：亦治。　　[82]《诗经·小雅·采菽》。　　[83]平平：治辩之貌。左右：国之臣也。言左右均能循从。　　[84]养生：厚奉其生。　　[85]言此乃常人之品习。　　[86]法：正。至：为"志"之借字。　　[87]桥：通"矫"。言好修正其所闻，以矫正、润饰其情性。　　[88]论：诀也。　　[89]所隆：所尊奉者。言能推崇其人之道而大之。

[90]要（yāo）节：切合礼节。枝：通"肢"（肢）。言安于礼节，若运四肢，极其自然。　　[91]要：读与上同。言邀时立功之巧，若天告四时，使成万物。　　[92]搏：凝聚。　　[93]井井：整齐貌。理：条理。　　[94]严严：有威重之貌。　　[95]介介：坚固之貌。　　[96]厌厌（yàn）：犹安安。　　[97]乐乐：犹落落，石貌。殆：通"怠"。以其执道不怠，故以石状之。

[98]炤：同"照"。炤炤：明见之貌。　　[99]修修：为"条条"之假借，古相通，行貌。统类：纲纪。　　[100]绥绥：安泰之貌。　　[101]熙熙：和乐之貌。臧：善。　　[102]隐隐：忧戚之貌。　　[103]挟：通"浃"，周洽。　　[104]管：枢要。

[105]微：隐微之旨。　　[106]逐：流荡。　　[107]光：犹广，古通用。　　[108]臧：善，祥。倍：反，违背。　　[109]扆：户牖之间的屏风。　　[110]兵忌：言兵家所忌之日，古代一种迷信说法。　　[111]太岁：星名，约十二岁而一周天。古术数家以太岁所在为凶方。　　[112]氾：水名。泛：水泛滥也。怀：地名。坏：亦河涨也。言氾与泛、怀与坏音皆相近，均触忌讳，故致此。　　[113]共（gōng）头：山名。隧：通"坠"。　　[114]霍叔：武王弟。　　[115]比干：纣贤臣。箕子：纣诸父。　　[116]飞廉、恶来：皆纣之嬖臣。　　[117]选：齐。犹言并驱而进。

[118]戚：卫邑。百泉：地名。在今河南淇县。　　[119]厌：通"压"。牧：地名，在今河南淇县，纣都之南郊。言昧旦兵临牧野。　　[120]易乡：言改变方向反身而奔逃。　　[121]乘：乘其奔逃之势。　　[122]言无所擒杀。　　[123]言周人无立功受赏者。　　[124]定：息。三革：犀、兕、牛，皆所以为甲。偃：仆

也。五兵：矛、戟、钺、楯、弓矢。　　[125]《武》《象》：周武王克殷之后乐名。《韶》《濩》，殷乐名。　　[126]阖：门扉。　　[127]跨：越也。薪：同"圻"，疆界。言跨越天下，无复疆域之限。　　[128]造父：周穆王之御者。　　[129]羿：有穷之君，逐夏太康而遂夺其位。　　[130]倾：危。　　[131]征：效验。　　[132]类：统类。　　[133]曲当：曲得其宜。　　[134]稽：考。言可稽考。　　[135]言名不朽。　　[136]逢：大。浅带：薄带。言穿着宽大的衣服，束着阔带子。　　[137]解果（xiè luó）：古语。亦作"累解"，语有倒顺。其义犹言平正。　　[138]伪：今"为"字。　　[139]委积：言储蓄。扬扬：得意之貌。[140]长子：犹钜子；墨家号其道理成者为"钜子"。[141]辟：通"嬖"。便辟：无行而得势之人。　　[142]举：读为相与之"与"，古通。　　[143]僡：字书所无。言安然。[144]齐：通"济"。言明不足以济法教不及、闻见未至之所；所以这样，则因其知不能比类而通之。　　[145]自：用。言内不用以诬己，外不用以欺人。　　[146]法先王：当作"法后王"。[147]仁义之类：言善类。善类在鸟兽之中犹能识别，在人不待言。　　[148]倚：奇。　　[149]卒（cù）：仓促。　　[150]儳：通"疑"。㦬：同"滞"。言奇物怪变卒然而起，大儒知其统类，故举以应之，无所疑滞。　　[151]晻然：同貌。[152]存：仅存。　　[153]而后三年：犹言顶多不过三年。[154]错：通"措"。伯：通"白"；言名显于天下。[155]豪：通"毫"。豪釐：即毫厘。　　[156]已乎：止于。已：止。　　[157]识（zhì）：记。　　[158]言苟不能行，虽所知多厚，必至困顿。　　　[159]当：恰当。言偶有所当。

[160]察：聪察之性。尽：尽物之理。论：决断。　　　[161]积：习。　　　[162]言所得乎积习，非受于天性。　　　[163]此言所以必待积习以化之。　　　[164]注错：犹措置。　　　[165]一：谓师法；二：谓异端。　　　[166]言习以为俗则移其志，安之既久则移其本质。　　　[167]六指：上、下、四方。　　　[168]人百姓：犹言众百姓。　　　[169]斲（zhuó）：砍。　　　[170]反：通"贩"。

[171]继事：承其世业。　　　[172]言安习其土风之衣服。

[173]夏：中夏。　　　[174]靡：顺。言顺其积习，以致此。

[175]徼：同"邀"，招致。　　　[176]《诗经·大雅·桑柔》。旧说为刺周厉王之诗，此处取喻不知为学隆积之小人也。

[177]迪：进。顾：顾念。复：重复。言于善人，不求而进之，于忍心不仁之人，反顾念而重复之；此天下之民所以肆行贪乱，安心为荼毒。　　　[178]论：通"伦"，类。言人之等类。

[179]污漫：污秽。　　　[180]沟瞀：愚暗。　　　[181]众人：常人。　　　[182]忍：矫其性。　　　[183]言知而不自以为知，犹好问。　　　[184]检式：法度。言人主以礼为测人短长之法式。

[185]坛：堂基。宇：屋边。坛宇：犹界域。防：堤防。表：标志。防表：引申为标准。一隆：专重。　　　[186]求：人以是来求。不下：犹言不出。安存：百姓之安存。　　　[187]言以修其意志来求者，则语之不出于为士。　　　[188]不二：犹言不离。

[189]荡：浩荡难信。　　　[190]不雅：不正。　　　[191]言虽高、下、大、小，而坛宇、防表，不出此。　　　[192]坛宇、宫庭：犹言范围之内。言君子虽聘志意论说，不出范围之内。

富 国

万物同宇而异体，无宜而有用为人，数也[1]。人伦并处，同求而异道，同欲而异知，生也[2]。皆有可也，知愚同[3]；所可异也，知愚分[4]。势同[5]而知异，行私而无祸，纵欲而不穷，则民心奋而不可说也[6]。如是，则知者未得治也，知者未得治则功名未成也，功名未成则群众未县也[7]，群众未县则君臣未立也。无君以制臣，无上以制下，天下害生纵欲[8]。欲恶同物[9]，欲多而物寡，寡则必争矣。故百技所成，所以养一人也[10]。而能[11]不能兼技，人不能兼官，离居不相待则穷，群而无分则争[12]。穷者患也，争者祸也，救患除祸，则莫若明分使群矣。

强胁弱也，知惧愚也，民下违上，少陵长，不以德为政，如是，则老弱有失养之忧，而壮者有分争之祸矣。事业所恶也，功利所好也，职业无分[13]，如是，则人有树事之患，而有争功之祸矣[14]。男女之合，夫妇之分，婚姻娉内，送逆无礼[15]，如是，则人有失合[16]之忧，而有争色之祸矣。故知者为之分也。

足国之道，节用裕民而善臧[17]其余。节用以礼，裕民以政。彼[18]裕民，故多余。裕民则民富，民富则田肥以易[19]。

田肥以易则出实百倍。上以法取焉，而下以礼节用之，余若丘山，不时焚烧，无所臧之[20]，夫君子奚患乎无余？故知节用裕民，则必有仁义圣良之名，而且有富厚丘山之积矣。此无它故焉，生于节用裕民也。不知节用裕民则民贫，民贫则田瘠以秽[21]，田瘠以秽则出实不半[22]，上虽好取侵夺，犹将寡获也，而或以无礼节用之，则必有贪利纠𧮟[23]之名，而且有空虚穷乏之实矣。此无它故焉，不知节用裕民也。《康诰》曰："弘覆乎天，若德裕乃身。"[24]此之谓也。

礼者，贵贱有等，长幼有差，贫富轻重皆有称者也。故天子袾裷衣冕[25]，诸侯玄裷衣冕，大夫裨[26]冕，士皮弁服[27]。德必称位，位必称禄，禄必称用。由士以上则必以礼乐节之；众庶百姓则必以法数制之。量地而立国，计利而畜民，度人力而授事使民必胜事，事必出利，利足以生民，皆使衣食百用出入相揜[28]，必时臧余，谓之称数[29]。故自天子通于庶人，事无大小多少，由是推之。故曰："朝无幸位，民无幸生。"此之谓也。轻田野之税，平[30]关市之征，省商贾之数[31]，罕兴力役，无夺农时，如是，则国富矣。夫是之谓以政裕民。

人之生不能无群，群而无分则争，争则乱，乱则穷矣。故无分者，人之大害也；有分者，天下之〔本〕大利也。而人君者，所以管分之枢要也。故美之[32]者，是美天下之本也；安之者，是安天下之本也；贵之者，是贵天下之本也。

古者先王分割而等异之也[33]，故使或美或恶，或厚或薄，或佚〔或〕乐，或劬〔或〕劳[34]，非特以为淫泰夸丽也，〔之声〕将以明仁之文，通仁之顺也。故为之雕琢、刻镂、黼黻、文章[35]，使足以辨贵贱而已，不求其观[36]；为之钟鼓、管磬、琴瑟、竽笙，使足以辨吉凶、合欢定和而已，不求其余[37]；为之宫室台榭，使足以避燥湿、养德、辨轻重而已，不求其外[38]。《诗》[39]曰："雕琢其章，金玉其相。亹亹我王，纲纪四方。"[40]此之谓也。

若夫重[41]色而衣之，重味而食之，重财物而制之，合天下而君之，非特以为淫泰也，固以为〔王〕一天下，治万变，〔材〕财万物，养万民，兼〔制〕利天下者，为莫若仁人之善也夫。故其知虑足以治之，其仁厚足以安之，其德音[42]足以化之，得之则治，失之则乱。百姓诚赖其知也，故相率而为之劳苦以务佚之，以养其知也；诚美其厚也，故为之出死断亡以覆救之[43]，以养其厚也；诚美其德也，故为之雕琢、刻镂，黼黻、文章以藩饰之，以养其德也。故仁人在上，百姓贵之如帝[44]，亲之如父母，为之出死断亡而不愉[45]者，无它故焉，其所是[46]焉诚美，其所得焉诚大，其所利焉诚多。《诗》[47]曰："我任我辇，我车我牛，我行既集，盖云归哉。"[48]此之谓也。

故曰：君子以德，小人以力。力者，德之役也。百姓之力，待之而后功[49]；百姓之群，待之而后和；百姓之财，待之而后聚；百姓之势，待之而后安；百姓之寿，待之而后长。父子不得不亲，兄弟不得不顺，男女不得不欢，少者以长，老者以养。故曰："天地生之，圣人成之。"此之谓也。

今之世而[50]不然。厚刀布之敛以夺之财[51]，重田野之税以夺之食，苛关市之征以难其事[52]。不然而已矣[53]，有掎挈伺诈[54]，权谋倾覆，以相颠倒，以靡敝[55]之。百姓晓然皆知其污漫暴乱而将大危亡也。是以臣或弑其君，下或杀其上，粥[56]其城，倍其节[57]，而不死其事者，无它故焉，人主自取之。《诗》[58]曰："无言不雠[59]，无德不报。"此之谓也。

兼足天下之道在明分。〔掩〕撩地表亩[60]，刺艸[61]殖谷，多粪肥田，是农夫众庶之事也。守时力民[62]，进事长功[63]，和齐百姓，使人不偷，是将率[64]之事也。高者不旱，下者不水，寒暑和节而五谷以时孰[65]，是天〔下〕之事也。若夫兼而覆之，兼而爱之，兼而制之，岁虽凶败水旱，使百姓无冻馁[66]之患，则是圣君贤相之事也。

墨子之言，昭昭[67]然为天下忧不足。夫不足，非天下之公患也，特墨子之私忧过计也。今是土之生五谷也，人善治之则亩数盆[68]，一岁而再获之，然后瓜桃枣李一本数以盆鼓[69]，然后荤菜百疏以泽量[70]；然后六畜禽兽一而剸车[71]，鼋鼍、鱼鳖、鳅鳣以时别，一而成群[72]；然后飞鸟凫雁若烟海；然后昆虫万物生其间，可以相食养者，不可胜数也。夫天地之生万物也，固有余足以食人矣；麻葛、茧丝、鸟兽之羽毛齿革也，固有余足以衣人矣[73]。夫有余不足，非天下之公患也，特墨子之私忧过计也。天下之公患，乱伤之也。胡不尝试相与求乱之者谁也?

我以墨子之"非乐"也，则使天下乱；墨子之"节用"也，则使天下贫。非将堕之也，说不免焉[74]。墨子大有天下，小有一国，将蹙然衣粗食恶，忧戚而非乐。若是则瘠[75]，瘠则不足欲，不足欲则赏不行。墨子大有天下，小有一国，将少人徒，省官职，上功劳苦，与百姓均事业，齐功劳。若是则不威，不威则罚不行。赏不行，则贤者不可得而进也；罚不行，则不肖者不可得而退也。贤者不可得而进也，不肖者不可得而退也，则能不能不可得而官也[76]。若是，则万物失宜，事变失应，上失天时，下失地利，中失人和，天下敖然[77]，若烧若焦。墨子虽为之衣褐带索，嚽[78]菽饮水，恶能足之乎？既以伐其本，竭其原，而焦天下矣[79]。

故先王圣人为之不然。知夫为人主上者，不美不饰之不足以一民也，不富不厚之不足以管下也，不威不强之不足以禁暴胜悍也，故必将撞大钟，击鸣鼓，吹笙竽，弹琴瑟，以塞其耳；必将锎[80]琢、刻镂、黼黻、文章，以塞其目；必将刍豢稻粱，五味芬芳，以塞其口，然后众人徒、备官职、渐[81]庆赏、严刑罚，以戒其心，使天下生民之属皆知己之所愿欲之举在是于[82]也，故其赏行；皆知己之所畏恐之举在是于也，故其罚威。赏行罚威，则贤者可得而进也，不肖者可得而退也，能不能可得而官也。若是，则万物得宜，事变得应，上得天时，下得地利，中得人和，则财货浑浑[83]如泉源，汸汸[84]如河海，暴暴[85]如丘山，不时焚烧，无所臧之。夫天下何患乎不足也？

故儒术诚行，则天下大而富，使而功[86]，撞钟击鼓而和。《诗》[87]曰："钟鼓喤喤，管磬玱玱。降福穰穰，降福简简，威仪反反。既醉既饱，福禄来反。"[88]此之谓也。故墨术诚行则天下尚俭而弥贫，非斗[89]而日争，劳苦顿萃[90]而愈无功，愀然忧戚非乐而日不和。《诗》[91]曰："天方荐瘥，丧乱弘多。民言无嘉，憯莫惩嗟。"[92]此之谓也。

垂事[93]养民，拊循之，呴呕之[94]，冬日则为之饘粥，夏日则与之瓜麮[95]，以偷取少顷之誉焉，是偷道也，可以少顷得奸民之誉，然而非长久之道也。事必不就，功必不立，是奸治[96]者也。傮然要时务民[97]，进事长功，轻非誉而恬失民[98]，事进矣而百姓疾之，是又〔不可〕偷偏者也[99]。徙坏[100]墮落，必反无功。故垂事养誉不可，以遂功而忘民亦不可[101]。皆奸道也。故古人为之不然，使民夏不〔宛〕奥喝[102]，冬不冻寒，急不伤力，缓不后时，事成功立，上下俱富[103]。而百姓皆爱其上，人归之如流水，亲之欢如父母，为之出死断亡而愉者，无它故焉，忠信调和均辨[104]之至也。

故君国长民者欲趋时遂功，则和调累解，速乎急疾矣[105]；忠信均辨，说乎赏庆矣[106]；必先修正其在我者，然后徐责其在人者，威乎刑罚矣[107]。三德者诚乎上，则下应之如景向[108]，虽欲无明达，得乎哉？《书》[109]曰："乃大明服，惟民其力懋，和而有疾。"[110]此之谓也。

故不教而诛，则刑繁而邪不胜[111]；教而不诛，则奸民不惩；诛而不赏，则勤〔属〕厉之民不劝；诛赏而不类[112]，则下疑俗〔俭〕险[113]而百姓不一。故先王明礼义以壹之，致忠信以爱之，尚贤使能以次之[114]，爵服庆赏以申[115]重之，时其事[116]，轻其任，以调齐之，潢然[117]兼覆之，养长之，如保赤子。若是，故奸邪不作，盗贼不起，而化善者劝勉矣。是何邪？则其道易，其塞固[118]，其政令一，其防表明[119]。故曰：上一则下一矣，上二则下二矣。辟之若屮木，枝叶必类本[120]。此之谓也。

不利而利之[121]，不如利而后利之之利也；不爱而用之，不如爱而后用之之功也。利而后利之，不如利而不利[122]者之利也；爱而后用之，不如爱而不用者之功也。利而不利也，爱而不用也者，取天下者也。利而后利之，爱而后用之者，保社稷也。不利而利之，不爱而用之者，危国家也。

观国之治乱臧否，至于疆易[123]而端已见矣。其候徼支缴，其竟关之政尽察[124]，是乱国已。入其境，其田畴秽，都邑露[125]，是贪主已。观其朝廷，则其贵者不贤；观其官职，则其治者不能；观其便嬖，则其信者不悫[126]，是暗主已。凡主相臣下百吏之〔俗〕属，其于货财取与计数也，〔须〕顺孰尽察，其礼义节奏也，芒轫僈楛[127]，是辱国已。其耕者乐田，其战士安难，其百吏好法，其朝廷隆礼，其卿相调议，是治国已。观其朝廷，则其贵者贤；观其官职，则其治者能；观其便嬖，则其信者悫，是明主已。凡主相臣下百吏之属，其于货财取与计数也，宽饶简易，其于礼义节奏也，陵[128]谨尽察，是荣国已。贤齐则其亲者先贵；能齐则其故者先官，其臣下百吏，污者皆化而修[129]，悍者皆化而愿，躁[130]者皆化而悫，是明主之功已。

观国之强弱贫富有征。上不隆礼则兵弱，上不爱民则兵弱，已诺不信则兵弱，庆赏不渐[131]则兵弱，将率[132]不能则兵弱。上好功则国贫，上好利则国贫，士大夫众则国贫，工商众则国贫[133]，无制数度量则国贫[134]。下贫则上贫，下富则上富。故田野县鄙者，财之本也；垣窌仓廪[135]者，财之末也。百姓时和、事业得叙者，货之源也[136]；等赋[137]府库者，货之流也。故明主必谨养其和，节其流，开其源，而时斟酌焉，潢然使〔天〕夫下必有余而上不忧不足。如是则上下俱富，交无所藏之[138]，是知国计之极也[139]。故禹十年水，汤七年旱，而天下无菜色者。十年之后，年谷复熟而陈积有余。是无它故焉，知本末源流之谓也。

故田野荒而仓廪实，百姓虚而府库满，夫是之谓国蹶[140]。伐其本，竭其源，而并之其末[141]，然而主相不知恶也，则其倾覆灭亡可立而待也。以国持[142]之而不足以容其身，夫是之谓至〔贪〕贫，是愚主之极也。将以求富而丧其国，将以求利而危其身。古有万国，今无十数焉，是无它故焉，其所以失之一也。君人者亦可以觉矣。百里之国足以独立矣[143]。

凡攻人者，非以为名，则案以为利也，不然，则忿之也[144]。

仁人之用[145]国，将修志意，正身行，伉隆高[146]，致忠信，期文理[147]。布衣䋲屦之士诚是[148]，则虽在穷阎漏屋，而王公不能与之争名；以国载之，则天下莫之能隐匿也。若是，则为名者不攻也。将辟田野，实仓廪，便备用[149]，上下一心，三军同力，与之远举极战则不可[150]。境内之聚也，保固视可，午其军，取其将，若拨麷[151]。彼得之不足以药伤补败[152]。彼爱其爪牙，畏其仇敌。若是，则为利者不攻也。将修小大强弱之义以持慎之[153]，礼节将甚文，珪璧[154]将甚硕，货赂将甚厚，所以说之者，必将雅文辩慧之君子也[155]。彼苟有人意焉，夫谁能忿之？若是，则为忿〔之〕者不攻也。

为名者否，为利者否，为忿者否[156]；则国安于盘石，寿于旗翼[157]。人皆乱，我独治；人皆危，我独安；人皆失丧之，我案起而制之。故仁人之用国，非特将持其有而已也，又将兼人。《诗》[158]曰："淑人君子，其仪不忒。共仪不忒，正是四国。"此之谓也。

持国之难易：事强暴之国难，使强暴之国事我易。事之以货宝，则货宝单而交不结[159]；约信盟誓，则约定而畔无日[160]；割国之锱铢以赂之，则割定而欲无厌[161]。事之弥〔烦〕顺，其侵人愈甚，必至于资单国举[162]然后已。虽左尧而右舜，未有能以此道得免焉者也。譬之是犹使处女婴宝珠[163]、珮宝玉，负戴黄金，而遇中山之盗也，虽为之逢蒙视，诎要桡腘，〔君〕若庐屋妾，由将不足以免也[164]。故非有一人之道也，直将巧繁拜请而畏事之[165]，则不足以持国安身。故明君不道[166]也。必将修礼以齐朝，正法以齐官，平政以齐民，然后节奏[167]齐于朝，百事齐于官，众庶齐于下。如是，则近者竞亲，远方致愿，上下一心，三军同力。名声足以暴炙之[168]，威强足以捶笞之，拱揖指挥，而强暴之国莫不趋使，譬之是犹乌获与焦侥搏也[169]。故曰：事强暴之国难，使强暴之国事我易。此之谓也。

----

[1]为：通"于"，二字古同声，故通用。数：道之自然。言万物同生宇内，形体互异，虽无一定之宜，而皆有于人。道本来如此，即自然之理。　　[2]伦：类。生：通"性"。言人类群居，同有所求，同有所欲，唯其道、其知异耳。此人之性。[3]可：心以为可。言人各有所可，知愚所同。　　[4]言所可不

同，知愚于是有别。　　[5]势同：言无尊卑之等。　　[6]奋：起而争竞。说：通"悦"。言民心奋起争竞，不可悦服。[7]县：同"悬"，悬隔，即悬殊。言无有功名、无功名之判别，上下不分，是群众等齐，不相悬隔。　　[8]言天下之害生于各纵其欲。　　[9]同物：言饮食男女，人之大欲存焉；死亡贫苦，人之大恶存焉，是贤愚同有此情。　　[10]言一人之养，必取给于百技所成。　　[11]能：才能。　　[12]离居不相待：言分处而不通功易事。穷群：言群道穷。　　[13]言恶为事业，务贪功利，职业无分之征。　　[14]树：立。言人皆患于树立己事，而争人之功，以此为祸。　　[15]娉：即今"聘"字，问名。内：通"纳"，纳币。送：致女。逆：亲迎。皆婚仪。　　[16]失合：丧偶。　　[17]臧：古"藏"字。　　[18]彼：通"夫"。[19]肥以易：言肥而易于耕垦。　　[20]此甚言其多。

[21]瘠以秽：言瘠而荒秽难治。　　[22]不半：不得充量之半。

[23]纠：收　也。诿（jiǎo）：通"桥"，取。　　[24]《康诰》：《尚书》篇名。若：顺。乃：你。言弥覆如天，又顺于德，是所以宽裕你身。　　[25]袜：古"朱"字。褙：同"衮"，画龙之衣。　　[26]裨（pí）：裨衣，古代次等祭服。

[27]皮弁：以白鹿皮为冠。　　[28]捭：同。弇、掩、奄均训同，而捭并与之通。　　[29]言以时藏其余，此之谓有称之术数，即合乎法度。　　[30]平：均之。　　[31]省：减也。言使农夫众多。　　[32]此"之"字及下"安之""贵之"两"之"字皆指人君。美之：言美人君之官室、衣服、饮食。　　[33]言分别贵贱而等差之。　　[34]劬（qú）劳：劳苦。　　[35]玉谓之雕、

琢，木谓之刻，金谓之镂。白与黑谓之黼，黑与青谓之黻，青与赤谓之文，赤与白谓之章。　　[36]言非以此为美观。

[37]余：言过度。　　[38]言外乎此之雕饰，非所求。　　[39]《诗经·大雅·棫朴》。　　[40]相：质。亹亹（wěi）：勉励之貌。言文既雕琢，质又美如金玉，以此勉力为善，所以纲纪四方。

[41]重（chóng）：多。　　[42]德音：有令闻之谓。　　[43]出死：言出生致死。断亡：犹言决死。覆：蔽护。　　[44]帝：天帝。　　[45]愉：古"偷"字，偷薄、懈怠。　　[46]是：言可其意。　　[47]《诗经·小雅·黍苗》。取以喻民众向往之。

[48]集：犹成。盖、云，皆助词。言转运之役，有负任者，有挽辇者，有将车者，有牵牛者，事既告成，则皆曰可以归家了。　　[49]功：成功。言待君之德化而后能成功。

[50]而：犹"则"。　　[51]刀布：钱币。之：其。下句"之"同。　　[52]难其事：言使货不得流通。　　[53]言不唯如此而已。　　[54]有：同"又"。掎（jǐ）：自后引之；挈：在前提之。掎挈：犹言指责。伺：候其罪。诈：伪其辞。言挑剔、敲诈。　　[55]靡：损。敝：败。　　[56]粥：同"鬻"。出卖。

[57]倍：同"背"。言违背忠节。　　[58]《诗经·大雅·抑》。　　[59]雠：答。　　[60]撩：理。表：言表其经界。

[61]刺：绝也。屮：古"草"字。　　[62]犹言以时使民。

[63]言进其事业，长其功利。　　[64]率：同"帅"。将率：即州长党正之属。古之为将率者，平时即州长党正之官，此从其在军之名而称之。　　[65]孰：今"熟"字。　　[66]冻馁：饥寒貌。　　[67]昭昭：昭，读为"怊"（chāo），忧貌。　　[68]盆：

当时量器。　　[69]一本：一株。鼓：量。　　[70]以泽量：言满泽。　　[71]剸：同"专"。言一种禽兽即可装满一车。[72]别：生育时与母分别。言诸物以时产生，一母所产，皆可孳生成群。　　[73]食人、衣人，"食"读 sì，"衣"读 yì，言供人吃、供人穿。　　[74]堕：毁。言墨子之意非欲毁坏天下，而其说流失，未能免此。　　[75]瘠：奉养薄。　　[76]能不能：就一人之短长言之。官：各当其任，无差错。　　[77]敖：通"熬"。言天下如被炙灼。　　[78]嚌：同"啜"。　　[79]此为倒装句，若使顺列，当在"若烧若焦"之下。　　[80]锢：同"雕"。　　[81]渐：进。　　[82]是于：犹言于是，即于此。下同。　　[83]浑浑：水流貌。　　[84]汸：通"滂"。汸汸：水多貌。　　[85]暴暴：突起之貌。　　[86]言易使而有功。[87]《诗经·周颂·执竞》。　　[88]喤喤、玱玱：皆状声相和。穰穰：众。简简：大。反反：顺习之貌。反：复。　　[89]非斗：即指墨子所主张之"非攻"。　　[90]顿：困顿。萃：同"顇"，困苦。　　[91]《诗经·小雅·节南山》。　　[92]荐：重。瘥：病。憯：曾。惩：止。　　[93]垂事：犹言实施事业。　　[94]拊：同"抚"。循：同"揗"（xún）。拊循：言抚摩矜怜之。呕呕（wā oū）：二字本小儿语声，言慈爱之。[95]饘粥：以米和羹。麮（qù）：麦粥。　　[96]奸治：不正之治。　　[97]傮：古通"嘈"。言嘈然趋时役民。　　[98]非：诽。非誉：犹毁誉。恬：安。言安然于失民心。　　[99]言此又苟且不当之事。　　[100]言旋即失败。　　[101]垂事养誉：言"垂事养民"以邀誉。遂功而忘民：即上所云"进事长功，轻非誉而恬失民"。　　[102]奥（yù）：热。暍（yē）：伤暑。
[103]富：通"福"。言上下俱受其福。　　[104]辨：通"平"，
二字古通。　　[105]累解：即为《儒效》篇之"解果"，亦即
"蟹螺"，为高平之地。此处殆言平正。速乎急疾：言人民效上
之急，不后时。　　[106]说：通"悦"。言若能忠信均平，则人民
悦乎庆赏。　　[107]威乎刑罚：言人民感刑罚之威严。
[108]景：通"影"。向：通"响"。　　[109]《尚书·康
诰》。　　[110]懋：勉。言君大明以服下，则民勉力以效上之
急，和调而疾速。　　[111]邪不胜：犹言不胜邪。　　[112]类：
法。言诛赏而不当于法。　　[113]俗险：言欲侥幸免罪，苟且求
赏。　　[114]次之：言使之就位列。　　[115]申：亦重；再令曰
申。　　[116]言使得以时治事。　　[117]潢：通"洸"。洸，水
涌光。此以状德泽之盛。　　[118]道：通"导"。言导民之善者
易，塞民之邪者固。　　[119]言其堤防标表明白易识。
[120]辟：通"譬"。　　[121]言不利民而取民之利。
[122]利而不利：言利之而不自以为利。　　[123]易：同"埸"，
边境。　　[124]候：斥候，哨兵。徼：巡逻。支缭：言支分缭
绕，极繁密。竟：同"境"。尽察：言极其苛细，无所不察。
[125]露：败。言都邑败坏。　　[126]便嬖：左右宠信之人。信者：
亲信的人。愨：诚谨。　　[127]芒：昧。不懂。轫：通"韌"，
柔，意谓怠惰。僈：同"慢"。楛：不坚固。于货财取与计数则
如彼，于礼义节奏则如此，言好利而轻礼。　　[128]陵：严
密。　　[129]修：善。　　[130]躁：通"剿"，狡猾。
[131]渐：进。　　[132]率：同"帅"。　　[133]士大夫众，工

商众，则生产者寡，故贫。　　[134]言不为限量。物多耗费，故贫。　　[135]垣：筑墙四周，以藏谷也。窌：同"窖"，掘地以藏谷。谷藏曰仓，米藏曰廪。　　[136]时和：言得天时之和，年岁丰。得叙：耕稼得其次序。　　[137]等赋：以差等制赋。

[138]交无所藏之：谓上下俱无所藏其余，亦以言多之极。

[139]言此乃治理民生之极轨。　　[140]蹶：倾倒。

[141]并：聚。之：于。　　[142]持：载。　　[143]此言有道则国虽小亦足以独立。　　[144]案：助词。言攻伐之因，不出名、利、忿怒三端。　　[145]用：为，治。　　[146]优：通"亢"，高貌。言极隆崇高大之事。　　[147]期：通"綦"，极。文理：言条贯。期文理：言守法度。　　[148]纠（xún）：屦，编麻为之，粗绳之鞋。诚是：诚行此数者。　　[149]备用：犹械用。

[150]远举：孤军深入敌后。极战：苦战。言守备之严、军力之厚如是，人欲远来苦攻，则不能取胜。　　[151]聚：屯聚。保固：保其险固。视可：见可而进，观衅而动。午：通"迕"，逆。莑（fēng）：通"丰"，蒲草。　　[152]药：医治。药伤补败：言彼纵有所得，不足以补救其所伤败。　　[153]慎：谨也。持慎之：言谨持此义。　　[154]珪璧：所用以聘好。　　[155]雅文辩慧：文雅善辩。　　[156]三"否"字俱言不攻。　　[157]旗：通"箕"。旗翼：二十八宿名，言寿比于星。　　[158]《诗经·曹风·尸鸠》。　　[159]单：通"殚"，尽。言货尽则交解。

[160]畔：通"叛"。言约定而不日即叛之。　　[161]此言零星割地以行赂，但既得思再，贪欲无厌。　　[162]国举：言尽举其国以与人。　　[163]婴：同"缨"，系于颈。　　[164]逢蒙：或作

"笼蒙"，或作"风虻"，皆所以状微视之副词。诎：同
"屈"。要：同"腰"。桡：曲。腘（guó）：膝后曲节处。诎
要桡腘：状俯伏畏惧之甚。由：同"犹"。　　　[165]人：大国之
人。繁：通"敏"。巧繁：花言巧语。言不能有兼人之道，但务
花言巧语拜请而畏事之。　　　[166]道：由。　　　[167]节奏：礼
节。　　　[168]暴（pù）：晒，晒干。后作"曝"。言名声煊赫震
人也。　　　[169]乌获：秦之勇士。焦侥：短小之人。

天　论

　　天行[1]有常，不为尧存，不为桀亡。应之以治则吉，应之以乱则凶。强本[2]而节用，则天不能贫；养备而动时[3]，则天不能病；〔修〕循道而不〔贰〕贰[4]，则天不能祸。故水旱不能使之饥，〔渴〕寒暑不能使之疾，祅怪不能使之凶。本荒而用侈，则天不能使之富；养略而动〔罕〕䍐[5]，则天不能使之全；倍[6]道而妄行，则天不能使之吉。故水旱未至而饥，寒暑未薄[7]而疾，祅怪未至而凶。受时与治世同，而殃祸与治世异，不可以怨天，其道然也[8]。

　　故明于天人之分，则可谓至人矣。不为而成，不求而得[9]，夫是之谓天职。如是者，虽深，其人不加虑焉[10]；虽大，不加能[11]焉；虽精，不加察焉。夫是之谓不与天争职。天有其时，地有其财，人有其治，夫是之谓能参[12]。舍其所以参而愿其所参，则惑矣[13]。

　　列星随旋，日月递炤[14]，四时代御，阴阳大化，风雨博施，万物各得其和以生，各得其养以成，不见其事而见其功，夫是之谓神[15]。皆知其所以成，莫知其无形[16]，夫是之谓天功。

　　唯圣人为不求知天。天职既立，天功既成，形具而神生，好恶、喜怒、哀乐臧焉，夫是之谓天情[17]。耳目鼻口形能[18]各有接而不相能也，夫是之谓天官[19]。心居中虚以治五官，夫是之谓天君[20]。财非其类，以养其类，夫是之谓天养[21]。顺其类者谓之福，逆其类者谓之祸，夫是之谓天政[22]。暗其天君[23]，乱其天官[24]，弃其天养[25]，逆其天政[26]，背其天情[27]，以丧天功[28]，夫是之谓大凶。圣人清其天君，正其天官，备其天养，顺其天政，养其天情，以全〔其〕天功。如是，则知其所为，知其所不为矣[29]。则天地官而万物役矣[30]。其行曲治，其养曲适[31]，其生不伤[32]，夫是之谓知天。

故大巧在所不为，大智在所不虑[33]。所志于天者，已其见象之可以期者矣[34]；所志于地者，已其见宜之可以息者矣[35]；所志于四时者，已其见数之可以事者矣[36]；所志于阴阳者，已其见〔知〕和之可以治者矣[37]。官人守天而自为守道也[38]。

治乱天邪？曰：日月、星辰、瑞历[39]，是禹、桀之所同也，禹以治，桀以乱，治乱非天也。时邪？曰：繁启蕃长于春夏，畜[40]积收藏于秋冬，是又禹、桀之所同也，禹以治，桀以乱，治乱非时也。地邪？曰：得地则生，失地则死，是又禹、桀之所同也，禹以治，桀以乱。治乱非地也。《诗》[41]曰："天作高山，大王荒之。彼作矣，文王康之。"[42]此之谓也。

天不为人之恶寒也辍冬，地不为人之恶辽远也辍广，君子不为小人之匈匈[43]也辍行。天有常道矣，地有常数矣，君子有常体[44]矣。君子道[45]其常，而小人计其功。《诗》[46]曰："何恤人之言兮？"[47]此之谓也。

楚王后车千乘，非知也；君子啜菽饮水，非愚也，是节然也[48]。若夫〔心〕志意修，德行厚，知虑明，生于今而志乎古，则是其在我者也。

故君子敬其在己者，而不慕其在天者；小人错[49]其在己者，而慕其在天者。君子敬其在己者，而不慕其在天者，是以日进也；小人错其在己者，而慕其在天者，是以日退也。故君子之所以日进，与小人之所以日退，一也[50]。君子小人之所以相县[51]者，在此耳。

星队[52]木鸣，国人皆恐。曰：是何也？

曰：无何也。是天地之变，阴阳之化，物之罕至者也。怪之可也，而畏之非也。夫日月之有蚀，风雨之不时，怪星之党见[53]，是无世而不〔常〕尝有之。上明而政平，则是虽并世起，无伤也；上暗而政险，则是虽无一至者，无益也。夫星之队，木之鸣，是天地之变，阴阳之化，物之罕至者也。怪之可也，而畏之非也。

物之已至者，人祅则可畏也。楛[54]耕伤稼，〔耘〕楛耨失〔薉〕岁，政险失民，田薉[55]稼恶，籴[56]贵民饥，道路有死人，夫是之谓人祅。政令不明，举错[57]不时，本事[58]

不理，夫是之谓人祅。勉力不时，则牛马相生，六畜作祅；礼义不修，内外无别，男女淫乱，则父子相疑，上下乖离，寇难并至，夫是之谓人祅。祅是生于乱，三者错[59]，无安国。其说甚尔，其菑甚惨[60]。〔勉力不时，则牛马相生，六畜作祅〕可怪也，而〔不〕亦可畏也。

传曰："万物之怪，书不说。"无用之辩，不急之察，弃而不治。若夫君臣之义，父子之亲，夫妇之别，则日切瑳而不舍也。

雩[61]而雨，何也？曰：无何也，犹不雩而雨也。日月食而救之，天旱而雩，卜筮然后决大事，非以为得求也，以文之也[62]。故君子以为文，而百姓以为神。以为文则吉，以为神则凶也。

在天者莫明于日月；在地者莫明于水火；在物者莫明于珠玉；在人者莫明于礼义。故日月不高，则光晖不赫[63]；水火不积，则晖润不博；珠玉不睹乎外[64]，则王公不以为宝；礼义不加于国家，则功名不白。故人之命在天，国之命在礼。君人者隆礼尊贤而王，重法爱民而霸，好利多诈而危，权谋倾覆幽险而〔尽〕亡矣。

大天而思之，孰与物畜而〔制〕裁之[65]？从天而颂之，孰与制天命[66]而用之？望时而待之，孰与应时而使之？因物而多之，孰与骋能而化之[67]？思物而物之，孰与理物而勿失之也[68]？愿于物之所以生，孰与有物之所以成[69]？故错[70]人而思天，则失万物之情。

百王之无变，足以为道贯[71]。一废一起，应之以贯[72]，理贯不乱[73]。不知贯，不知应变。贯之大体未尝亡也[74]。乱生其差，治尽其详[75]。

故道之所善，中则可从，畸则不可为，匿则大惑[76]。〔水〕行水者表深[77]，表不明则陷。治民者表道，表不明则乱。礼者，表也。非礼，昏世也。昏世，大乱也。故道无不明，外内异表，隐显有常，民陷乃去[78]。

万物为道一偏，一物为万物一偏，愚者为一物一偏[79]，而自以为知道，无知也。慎子有见于后，无见于先[80]；老子有见于诎，无见于信[81]；墨子有见于齐，无见于畸[82]；宋子有见于少，无见于多[83]。有后而无先，则群众无门[84]；有诎而无信，则贵贱不分[85]；有齐而无畸，则政令不施[86]；有少而无多，则群众不化[87]。《书》[88]曰："无有作好，遵王之道；无有作恶，遵王之路。"[89]此之谓也。

----

[1]天行：天道，大自然的一切变化。　　　[2]本：言农桑。
[3]养备：生道备足。动时：勤力以时。　　　[4]贰（tè）：通"忒"，差错。　　　[5]艻：即今"逆"字。言不得其时。
[6]倍：通"背"，违背。　　　[7]薄（bó）：迫近，侵袭。

[8]言其所由之道使然。 [9]此言自然之化。 [10]如是:指上"不为而成,不求而得"。其人:至人。 [11]能:功力,言不超越自然功能替天别有作为。 [12]言人能尽天时地财而用之,则是参于天地。 [13]所以参:人治。愿:求。所参:自然之化,即天时、地财等。 [14]炤(zhào):同"照"。 [15]言不见和养之事,但见物之生成,是之谓神,若有真宰然。 [16]言莫能知其所以然。 [17]此言人身亦天职、天功所成立,形体既具,意识随生,为好恶、喜怒、哀乐之府。此之谓所受于天之情。 [18]能:通"态"。 [19]不相能:言不能互相为用。天官:言官能皆天之所付。 [20]天君:言心,古人以心为思维器官,天使其为形体之君。

[21]财:同"裁",选取。非其类:外于吾之物。养其类:取诸物类以养人。天养:言天使奉养之道如是。 [22]顺其类:言能裁。逆其类:言不能裁。天政:言此殆如天之政令。

[23]言昏乱其心。 [24]言溺于外物。 [25]言不能务本节用。 [26]言不能养其类。 [27]言好恶、喜怒、哀乐无节度。 [28]言丧天之生成之功。 [29]其所为:指人事。其所不为:指天职。 [30]言天地趋职,万物供役,并为吾用。

[31]言自修之政曲尽其治,养身之术曲尽其适。 [32]言生活顺遂,无所伤害。 [33]不为:不与天争职之类。不虑:不求知天之类。 [34]志:犹"知"。已:同"以",由于。见:同"现",显现。下并同。见象之可以期者:言如日月星辰运行有常期者。 [35]宜:土宜也。息:生息。 [36]见数:言春作、夏长、秋敛、冬藏,必然之时序规律。事:言顺时而理其

事。　　　[37]言阴阳之和，可法之以为治。以上四者，言所知于天、地、四时、阴阳，皆所以为人事。　　　[38]官人守天：言志于天、地、四时、阴阳，皆有专人掌管。自为守道：言君唯有守道（遵循自然规律）。　　　[39]瑞历：即"历象"。象，谓璿玑玉衡，神其器，故言瑞。　　　[40]畜：同"蓄"。　　　[41]《诗经·周颂·天作》。　　　[42]天作：天生。高山：言岐山。大王：即太王，周文王祖父。荒：大开辟。彼作：开创。康：安。言天生此岐山，太王自豳迁于此，则能尊大之。彼太王作此都，文王又能安之。取以喻吉凶由人。　　　[43]匈匈：即"讻讻"，喧哗之声。　　　[44]常体：一定的行为准则。　　　[45]道：遵行。
[46]逸诗。　　　[47]言苟能守道，何畏人之言。　　　[48]节：犹"适"。言是其偶然。　　　[49]错（cù）：放置。　　　[50]言皆有慕有不慕。　　　[51]县：同"悬"，悬隔。　　　[52]队：同"坠"。　　　[53]党：同"傥"，或许。党见：犹言或许见。　　　[54]楛（kǔ）：粗恶不精。　　　[55]薉：同"秽"，荒芜。　　　[56]籴：买进粮食。　　　[57]举错：同"举措"。
[58]本事：农桑之事。　　　[59]错：交错而至。　　　[60]尔：近。言是三人妖者，较星坠木鸣之说为浅近。菑：同"灾"。
[61]雩：求雨之祷。　　　[62]得求：有所祈求而竟得之。言为此第示急于灾害，顺人之意，以文饰政事。　　　[63]赫：明。
[64]不睹乎外：睹，当为"睹"，显露。言珠在渊，玉在璞。
[65]物畜而裁之：言（把天）当作物来畜养，而我裁制之。
[66]制天命：裁制天之所命，即因顺自然。　　　[67]言任物之自然长养，不如骋其智能，使其变化而蕃茂。　　　[68]言思得万物以

为己物，不如理物各得其宜，不使有所失丧。　[69]愿：欲求。物之所以生：在天。物之所以成：在人事。言求知天不如致力于人事。　[70]错：同前。　[71]百王不变者，谓礼。言礼可以为道之条贯。　[72]言虽质文兴废，时有不同，而要以礼为条贯。　[73]言知礼则其条贯不乱。　[74]言贯为道之不易者，故其大体，虽变乱之世，未尝亡。　[75]差：谬。言乱生于条贯之差谬，治极于条贯之精详。　[76]畸：偏侧。匪：同"愿"，邪僻。　[77]表：标准。表深：言于水深处立之表。　[78]言极详明，内外隐显各有其标准之常法，民之陷溺之患就能免去。　[79]言愚者且不能尽一物。　[80]慎到本黄、老之术，明不尚贤、不使能之道，无争先之意，故曰见后而不见先。　[81]诎：同"屈"。信（shēn）：通"伸"。老子之说多以屈为伸，以柔胜刚，故曰见诎而不见信。　[82]畸（jī）：不齐。墨子主尚同、兼爱之说，等视群众，故曰见齐而不见畸。　[83]宋钘主人之情为欲寡，欲多为过，故曰见少而不见多。　[84]言群众须得为之开导者；皆处后而不处先，则群众无进入之门户。　[85]言贵柔弱卑下，则无贵贱之别。[86]言势位均齐，则政令不行。　[87]言情欲多则可以劝诱群众，使化于善，若皆欲少，则无以化之。　[88]《尚书·洪范》。取以喻偏好则非王道。　[89]无有：不要。无：同"毋"，禁止之词。作好（hào）：以个人的爱好为爱好；作恶（wù）：以个人的厌恶为厌恶。

正　论

世俗之为说者曰："主道利周[1]。"

是不然。主者，民之唱也；上者，下之仪也[2]。彼将听唱而应，视仪而动。唱默则民无应也，仪隐则下无动也。不应不动，则上下无以相〔有〕胥也[3]。若是，则与无上同也，不祥莫大焉。故上者，下之本也，上宣明则下治辨矣[4]，上端诚则下愿悫矣，上公正则下易直矣。治辨则易一，愿悫则易使，易直[5]则易知。易一则强，易使则功，易知则明。是治之所由生也。上周密则下疑玄[6]矣，上幽险则下渐[7]诈矣，上偏曲则下比周[8]矣。疑玄则难一，渐诈则难使，比周则难知。难一则不强，难使则不功，难知则不明，是乱之所由作也。故主道利明不利幽，利宣不利周。故主道明则下安，主道幽则下危。〔故〕下安则贵上，下危则贱上。故上易知则下亲上矣，上难知则下畏上矣。下亲上则上安，下畏上则上危。故主道莫恶乎难知，莫危乎使下畏己。传曰："恶之者众则危。"《书》[9]曰："克明〔明〕德。"[10]《诗》[11]曰："明明在下。"[12]故先王明之，岂特玄之耳哉？

世俗之为说者曰："桀、纣有天下，汤、武篡而夺之。"

是不然。以桀、纣为常有天〔下〕子之籍则然，亲有天〔下〕子之籍则〔不〕然，天下谓在桀、纣则不然[13]。

古者天子千官，诸侯百官。以是千官也，令行于诸夏之国，谓之王；以是百官也，令行于境内，国虽不安，不至于废易遂亡[14]，谓之君。圣王之子也，有天下之后也，势籍之所在也，天下之宗室也，然而不材不中[15]，内则百姓疾之，外则诸侯叛之，近者境内不一，遥者诸侯不听，令不行于境内，甚者诸侯侵削之，攻伐之。若是，则虽未亡，吾谓之无天下矣。圣王没，有势籍者罢[16]不足以县天下，天下无君，诸侯有能德明威积，海内之民莫不愿得以为君师。然而暴国独侈，安〔能〕诛之[17]，必不伤害无罪之民，诛暴国之君若诛独夫[18]。若是，则可谓能用天下矣。能用天下之谓王。汤、武非取天下也，修其道，行其义，兴天下之同利，除天下之同害，而天下归之也。桀、纣非去天下也[19]，反禹、汤之德，乱礼义之分，禽兽之行，积其凶，全其恶，而天下去之也。天下归之之谓王，天下去之之谓亡。故桀、纣无天下而汤、武不弑君，由此效之也[20]。汤、武者，民之父母也；桀、纣者，民之怨贼也。今世俗之为说者，以桀、纣为君而以汤、武为弑，然则是诛民之父母而师民之怨贼也，不祥莫大焉。以天下之合为君[21]，则天下未尝合于桀、纣也。然则以汤、武为弑，则〔天下〕未尝有说也，直堕[22]之耳。

故天子唯其人。天下者，至重也，非至强莫之能任；至

大也，非至辨莫之能分；至众也，非至明莫之能和。此三至
者，非圣人莫之能尽，故非圣人莫之能王。圣人备道全美者
也，是县天下之权称也[23]。桀、纣者，其知虑至险也，其
至[24]意至暗也，其行〔之〕为至乱也；亲者疏之，贤者贱
之，生民怨之，禹、汤之后也，而不得一人之与[25]；刳比
干，囚箕子，身死国亡，为天下之大僇，后世之言恶者必稽
焉[26]，是不容妻子之数[27]也。故至贤畴[28]四海，汤、武是
也；至罢不容妻子，桀、纣是也。今世俗之为说者，以桀、
纣为有天下而臣汤、武，岂不过甚矣哉？譬之是犹伛巫、跛
匡[29]，〔大〕而自以为有知也。

故可以有夺〔人〕国，不可以有夺〔人〕天下；可以有
窃国，不可以有窃天下也[30]。〔可以〕夺之者可以有国，而
不可以有天下；窃可以得国，而不可以得天下。是何也？
曰：国，小具也，可以小人有也，可以小道得也，可以小力
持也；天下者，大具也，不可以小人有也，不可以小道得
也，不可以小力持也。国者，小人可以有之，然而未必不亡
也；天下者，至大也，非圣人莫之能有也。

世俗之为说者曰："治古无肉刑而有象刑[31]，墨黥[32]，
慅婴[33]，共艾毕[34]，菲〔对〕𠯡屦[35]，杀赭衣而不纯[36]，
治古如是。"

是不然。以为治邪？则人固莫触罪，非独不用肉刑，亦
不用象刑矣。以为人或触罪矣，而直轻其刑，然则是杀人者
不死，伤人者不刑也。罪至重而刑至轻，庸人不知恶矣，乱

莫大焉。凡刑人之本，禁暴恶恶，且征其未也^[37]。杀人者不死而伤人者不刑，是谓惠暴而宽贼也，非恶恶也。故象刑殆非生于治古，并起于乱今^[38]也。

治古不然。凡爵列、官职、赏庆、刑罚，皆报^[39]也，以类相从者也。一物失称，乱之端也。夫德不称位，能不称官，赏不当功，罚不当罪，不祥莫大焉。昔者武王伐有^[40]商，诛纣，断其首，县之赤旆^[41]。夫征暴诛悍，治之盛也。杀人者死，伤人者刑，是百王之所同也，未有知其所由来者也。

刑称罪则治，不称罪则乱。故治则刑重，乱则刑轻，犯治之罪固重，犯乱之罪固轻也。《书》^[42]曰："刑罚世轻世重。"^[43]此之谓也。

世俗之为说者曰："汤、武不能禁令^[44]，是何也？曰：楚、越不受制。"

是不然。汤、武者，至^[45]天下之善禁令者也。汤居亳，武王居鄗，皆百里之地也，天下为一，诸侯为臣，通达之属莫不振动从服以化顺^[46]之，曷为楚、越独不受制也？

彼王者之制也，视形势而制械用^[47]，称远迩而等^[48]贡献，岂必齐哉！故鲁人以榶，卫人用柯，齐人用一革^[49]。土地刑制不同者，械用备饰不可不异也。故诸夏之国同服同仪^[50]，蛮、夷、戎、狄之国同服不同制。封内甸服^[51]，封外侯服^[52]，侯卫宾服^[53]，蛮夷要服^[54]，戎狄荒服^[55]。甸服者祭，侯服者祀，宾服者享，要服者贡，荒服者终王^[56]。日祭、月祀、时享、岁贡，终王，夫是之谓视形势而制械用，称远近而等贡献，是王者之〔至〕制也。

彼楚、越者，且时享、岁贡、终王之属也，必齐之日祭、月祀之属然后曰受制邪？是规磨之说也[57]。〔沟中之瘠也，则未足与及王者之制也〕语曰："浅不足与测深，愚不足与谋知，坎井之蛙不可与语东海之乐，沟中之瘠[58]未足与及王者之制。"此之谓也。

世俗之为说者曰："尧、舜擅让[59]。"

是不然。天子者，势位至尊，无敌于天下，夫有谁与让矣[60]？道德纯备，政惠甚明，南面而听天下，生民之属莫不振动从服以化顺之，天下无隐士，无遗善，同焉者是也，异焉者非也，夫有恶擅天下矣？

曰："死而擅之[61]。"

是又不然。圣王在上，〔图〕决德而定次，量能而授官，皆使民载其事而各得其宜，不能以义制利，不能以伪饰性，则兼以为民[62]。圣王已没，天下无圣，则固莫足以擅天下矣。天下有圣而在后子[63]者，则天下不离，朝不易位，国不更制，天下厌然与乡无以异也[64]，以尧继尧，夫又何变之有矣？圣不在后子而在三公，则天下如归，犹复而振之矣[65]，天下厌然与乡无以异也，以尧继尧，夫又何变之有矣？唯其徙朝改制为难[66]。故天子生则天下一隆，致顺而治[67]，〔论〕决德而定次，死则能任天下者必有之矣。夫礼义之分尽矣，擅让恶用矣哉[68]？

曰：“老衰而擅[69]。”

是又不然。血气筋力则有衰，若夫智虑取舍则无衰。曰：“老者不堪其劳而休也。”是又畏事者之议也。天子者，势至重而形至佚，心至愉而志无所诎，〔而〕形不为劳，尊无上矣。衣被则服五采，杂间色[70]，重文绣，加饰之以珠玉；食饮则重大牢而备珍怪，期臭味[71]，曼而馈[72]，〔代睪〕伐皋[73]而食，《雍》而彻乎五祀[74]，执荐者百人侍西房[75]；居则设张容，负依而〔坐〕立[76]，诸侯趋走乎堂下；出户而巫觋有事[77]，出门而宗〔祀〕祝有事[78]，乘大路、趋越席以养安[79]，侧载睪芷以养鼻[80]，前有错衡[81]以养目，和鸾之声，步中《武》《象》，骤中《韶》《護》以养耳[82]，三公奉軶持纳[83]，诸侯持轮，挟舆先马[84]，大侯编后，大夫次之，小侯、元士次之[85]，庶士介而夹道[86]，庶人隐窜，莫敢视望；居如大神，动如天帝。持老养衰，犹有善于是者〔与〕不与[87]？老者，休也，休犹有安乐恬愉如是者乎？故曰：诸侯有老，天子无老[88]。

有擅国，无擅天下，古今一也。夫曰“尧、舜擅让”，是虚言也，是浅者之传[89]，陋者之说也，不知逆顺之理，小大、至不至[90]之变者也，未可与及天下之大理者也。

世俗之为说者曰：“尧、舜不能教化，是何也？曰：朱、象[91]不化。”

是不然也。尧、舜至天下之善教化者也，南面而听天下，生民之属莫不振动从服以化顺之。然而朱、象独不化，是非尧、舜之过，朱、象之罪也。尧、舜者，天下之英也；朱、象者，天下之嵬，一时之琐也[92]。今世俗之为说者不怪朱、象，而非尧、舜，岂不过甚矣哉！夫是之谓嵬说。羿、蜂门者，天下之善射者也，不能以拨弓[93]曲矢中微；王梁、造父者，天下之善驭者也，不能以辟[94]马毁舆致远；尧、舜者，天下之善教化者也，不能使嵬琐化。何世而无嵬，何时而无琐，自太皞、燧人莫不有也。故作者不祥，学者受其殃，非者有庆[95]。《诗》[96]曰："下民之孽，匪降自天。噂沓背憎，职竞由人[97]。"此之谓也[98]。

世俗之为说者曰："太古薄葬，棺厚三寸，衣衾三领[99]，葬田不妨田[100]，故不掘也。乱今厚葬饰棺，故抇[101]也。"

是不及知治道，而不察于抇不抇者之所言也。凡人之盗也，必以有为[102]，不以备不足，〔足〕则以重有余也。而圣王之生民也，皆使〔当〕富厚，优犹[103]〔不〕知足，而不得以有余过度。故盗不窃，贼不〔刺〕刺[104]，狗豕吐菽粟，而农贾皆能以货财让[105]；风俗之美，男女自不取于涂，而百姓羞拾遗。故孔子曰："天下有道，盗其先变乎[106]。"虽珠玉满体，文绣充棺，黄金充椁，加之以丹矸，重之以曾青[107]，犀象以为树，琅玕、龙兹、华觐以为实[108]，人犹且莫之抇也。是何也？则求利之诡缓，而犯分之羞大也[109]。

夫乱今然后反是。上以无法使，下以无度行，知者不得虑，能者不得治，贤者不得使[110]。若是，则上失天性，下失地利，中失人和。故百事废，财物诎而祸乱起。王公则病不足[111]于上，庶人则冻馁羸瘠于下。于是焉桀、纣群居，而盗贼击夺以危上矣。安禽兽行，虎狼贪，故脯巨人而炙婴儿矣[112]。若是，则有何尤扣人之墓，抉人之口而求利矣哉[113]？虽此保而蘸之，犹且必扣也，安得葬蘸哉[114]！彼乃将食其肉而龁其骨也[115]。

夫曰：“太古薄葬，故不扣也；乱今厚葬，故扣也。”是特奸人之误于乱说，以欺愚者而〔潮〕淖陷之以偷取利焉[116]。夫是之谓大奸。传曰：“危人而自安，害人而自利。”此之谓也。

子宋子[117]曰：“明见侮之不辱，使人不斗。人皆以见侮为辱，故斗也；知见侮之为不辱，则不斗矣。”

应之曰：“然则亦以人之情为不恶侮乎？”

曰：“恶而不辱也[118]。”

曰：“若是，则必不得所求焉[119]。凡人之斗也，必以其恶之为说，非以其辱之为故也[120]。今俳优、侏儒、狎徒詈侮而不斗者，是岂钜知[121]见侮之为不辱哉？然而不斗者，不恶故也。今人或入其〔央〕缺渎[122]，窃其猪彘，则援剑戟而逐之，不避死伤。是岂以丧猪为辱也哉？然而不惮斗者，恶之故也。虽以见侮为辱也，不恶则不斗；虽知见侮为不辱，恶之则必斗。然则斗与不斗邪，亡于[123]辱之与不辱也，乃在于恶之与不恶也。夫今子宋子不能解人之恶侮，而务说人以勿辱也，岂不过甚矣哉！金〔舌〕口弊〔口〕舌[124]，犹将无益也。不知其无益，则不知[125]；知其无益也，直以欺人，则不仁。不仁不知，辱莫大焉。将以为有益于人，则与[126]无益于人也。则得大辱而退耳。说莫病是矣。"

子宋子曰："见侮不辱。"

应之曰：凡议，必将立隆正[127]然后可也。无隆正则是非不分而辨讼不决。故所闻曰："天下之大隆[128]，是非之封界，分职名象[129]之所起，王制是也。"故凡言议期命[130]，〔是〕莫非以圣王为师。而圣王之分，荣辱是也[131]。

是有两端矣[132]。有义荣者，有势荣者；有义辱者，有势辱者。志意修，德行厚，知虑明，是荣之由中出者也，夫是之谓义荣。爵列尊，贡禄厚，形势胜，上为天子诸侯，下为卿相士大夫，是荣之从外至者也，夫是之谓势荣。流淫污僈，犯分乱理，骄暴贪利，是辱之由中出者也，夫是之谓义辱。詈侮捽搏[133]，捶笞膑脚[134]，斩断枯磔[135]，藉靡舌绁[136]，是辱之由外至者也，夫是之谓势辱。是荣辱之两端也。

故君子可以有埶辱，而不可以有义辱；小人可以有势荣，而不可以有义荣。有势辱无害为尧，有势荣无害为桀。义荣、势荣，唯君子然后兼有之；义辱、势辱，唯小人然后兼有之。是荣辱之分也。圣王以为法，士大夫以为道，官人以为守，百姓以〔为〕成俗[137]，万世不能易也。

今子宋子案不然，独诎容为己，虑一朝而改之[138]，说必不行矣。譬之是犹以〔垼〕抟涂塞江海也，以焦侥而戴太山也[139]，蹎跌碎折不待顷矣[140]。二三子之善于子宋子者，殆不若止之[141]，将恐〔得〕复伤其体也。

子宋子曰："人之情，欲寡，而皆以己之情为欲多，是过也。"[142]故率其群徒，辨其谈说，明其譬称，将使人知情〔欲〕之欲寡也。

应之曰："然则亦以人之情为〔欲〕，目不欲綦色，耳不欲綦声，口不欲綦味，鼻不欲綦臭，形不欲綦佚。此五綦者，亦以人之情为不欲乎？"

曰："人之情欲是[143]已。"

曰："若是，则说必不行矣。以人之情为欲此五綦者而不欲多，譬之是犹以人之情为欲富贵而不欲货也，好美而恶西施也。古之人为之不然。以人之情为欲多而不欲寡，故赏以富厚而罚以杀损也[144]，是百王之所同也。故上贤禄[145]天下，次贤禄一国，下贤禄田邑，愿悫之民完衣食。今子宋子以是之情为欲寡而不欲多也，然则先王以人之所不欲者赏，而以人之所欲者罚邪？乱莫大焉。今子宋子严然而好说[146]，聚人徒，立师学，成文〔曲〕典，然而说不免于以至治为至乱也，岂不过其矣哉！"

----

[1]周：密。言人主之道，利乎隐密其情，不使下知。

[2]唱：倡，发号令者。仪：表率，准则。　　[3]胥：即今"须"字。言上不导其下，则下无以效其上，是上下不相须。

[4]宣：露。辨：同"办"，亦治。　　[5]易直：平易正直。

[6]玄：同"眩"，惑。　　[7]渐：亦诈。　　[8]比周：结党营私。　　[9]《尚书·康诰》。　　[10]言文王。　　[11]《诗经·大雅·大明》。　　[12]言文王之德明明在下。　　[13]常有：言世相及。籍：位。亲有：言身为天子。天下谓在桀、纣则不然：言如谓天下之心归桀、纣，则不然。　　[14]遂：通"坠"。言坠其业。　　[15]不中：不中正。　　[16]罷（pí）：弱不任事。　　[17]暴国：指如桀、纣者。独侈：言独为奢汰放纵也。安：犹"则"。　　[18]独夫：言天下皆去，无助之者，若一夫然。　　[19]言天下自去。　　[20]效：验，证。　　[21]言以天下之所共向往者为君。　　[22]堕：诋毁。　　[23]言悬天下如权称知轻重。　　[24]至：通"志"。　　[25]与：党与。

[26]言恶者必稽考桀、纣以为镜鉴。　　[27]数：犹道。

[28]畴：通"俦"，俦匹。　　[29]匡：女巫。　　[30]夺国、窃国：言占有其土地人民也。夺天下、窃天下：言强服天下之心。　　[31]治古：古之治世。肉刑：如墨、劓、剕、宫，残及肢体者。象刑：异其章服以辱之。　　[32]墨刑，一名"黥"，刻面而湼（涂黑）之。此云"墨黥"，盖以墨画代黥，不加刻湼。　　[33]愫：通"草"。婴：即"缨"。二字上殆脱"剕"字。言使罪人服草缨以当剕刑。　　[34]共：通"宫"。艾：通"刈"。毕：同"韠"，古代朝服的蔽膝，所以蔽前。言应受宫刑者，则斩刈其韠以代之。　　[35]菲：通"剕（fèi）"，断足

之刑。绷（běng），麻。言以麻屦代刖刑。　　　[36]杀：杀罪。赭（zhě）：赤褐色。纯：绲边。言让犯人赭衣不缘代大辟。[37]征：通"惩"。未：言未来。　　　[38]乱今：今之乱世，与"治古"相对。　　　[39]言善恶之报。　　　[40]有：助词。凑足音节。有商：即商。　　　[41]旆（pèi）：同"旆"，旗帜。言古今所同，难追溯其创始者是谁。　　　[42]《尚书·吕刑》。[43]言世有治乱，故法有轻重。　　　[44]言禁令不能遍施。[45]至：犹极。　　　[46]化顺：言服其化而归顺之。　　　[47]言依情形不同来制造机械器用。　　　[48]等：差。　　　[49]方言云，"碗谓之'榶'，盂谓之'柯'。一革：不详。或即鸱夷，盖革制而类于碗、盂之器。此言诸国人各以其土物贡献。　　　[50]服：事。言服事王者。仪：言制度。　　　[51]封内：王畿之内。甸服：《禹贡》："五百里甸服"。言为天子耕种公田。　　　[52]封外：畿外也。侯服：《禹贡》："五百里侯服"。侯：候。言斥候而服事王。　　　[53]侯：侯圻；卫：卫圻，皆侯服以外，中国之界以内之地。宾服：言按时进贡朝见天子。　　　[54]卫服之外五百里曰"蛮服"。又其外五百里曰"夷服"。要服：言要束以文教，使之从服。　　　[55]此言更远之地也。荒：言荒忽无常。　　　[56]祭：日祭于祖考。祀：月祀于曾祖。享：时（四季）享于二祧（文、武庙）。贡：岁贡于壤墠（供祭祀用的经过清扫的场地）。终王：言世终朝嗣王。　　　[57]磨：通"摩"。言猜度揣摩、未必无失之说。　　　[58]言冻馁于沟壑之乞人。[59]擅：通"禅"，禅让。言世俗以为尧、舜德厚，故禅让圣贤，后世德薄，故父子相继；且谓尧、舜之举有好名之意。

[60]有：通"又"。谁与让：言无势位与敌者，则无与让之。
[61]言或者既以生无禅让之事，因谓尧、舜预求圣贤，至死后而
禅之。　　[62]伪：同"为"，作为。言不能以义制利、以伪饰
性者，则兼并之，令尽为民氓。　　[63]后子：嗣子。　　[64]厌
然：顺服貌。乡：同"向"，从前。　　[65]后子：指丹朱、商
均。三公：指尧、舜、禹。言犹天下已去而衰息，今使之来复而
振起。　　[66]徙朝改制：言殊徽号，异制度。为难：言是为难
而不忍者。言后世见有是改易，遂以为禅让。　　[67]一隆：言
有专尊也。致：极。　　[68]言让者，礼义之名；今圣王但求其
能任天下者传之，则尽礼义之分，岂复求禅让之名？　　[69]言
或者既以非死而禅之，因谓尧、舜盖老衰而禅之。　　[70]衣
被：犹言衣着。服五采：言备五色（青、赤、黄、白、黑）。间
色：红碧之属。　　[71]大牢：牛、羊、豕全备。珍怪：奇异之
食。期：通"綦"，极。臭味：香味。　　[72]曼：通"缦"，
杂声之和乐者。言奏缦而进膳。　　[73]伐皋：击鼓。皋：通
"鼛"，大鼓。　　[74]《雍》：乐章名。彻：撤。灶为五祀之
一，此"五祀"即灶之代言。言奏《雍》而撤馔于灶。
[75]执荐：执荐陈之物，如笾豆之属。西房：西厢。　　[76]张：
同"帐"。容：所以自防隐，如今之屏风。依：亦作"扆"，户
牖之间。　　[77]出户：出内门。求神祈福禳灾和占卜吉凶者。女
曰巫，男曰觋（xí）。有事：言被除不祥。　　[78]出门：车驾出
国门。宗：主祭祀之官；祝：大祝，掌祈福祥之官。有事：言祭
行神。　　[79]大路：即大辂，天子之车。越席：结蒲为席。养
安：言恐其不安，以此和养之。　　[80]侧：旁侧。载：置。羃

芷：香草。言常置香草于左右以养鼻。　　　[81]衡：车前横木。
错：刻画之使有错综之文。　　　[82]和、鸾：皆车上铃。和在轼
前，鸾在衡。《武》《象》《韶》《護》：皆乐名。驺，通
"趋"。言车行或缓或速，铃声皆中节奏，此所以养耳。

[83]軓：同"轭"，驾车时加在牲口颈上的曲木。纳：同"軜"，
骖马内辔系轼前者。　　　[84]持轮：犹扶轮。挟舆：在车之左
右。先马：导马。　　　[85]大侯：国稍大，在五等之列者。编
后：排列于后。小侯：僻远小国及附庸。元士：上士。

[86]庶士：军士也。介：被甲。　　　[87]不：同"否"。

[88]言天子安乐恬愉之极，故不老衰。　　　[89]传：传说。

[90]至、不至：言天子至重至佚至愉，诸侯不至重至佚至愉。

[91]朱：尧之子；象：舜之弟。　　　[92]嵬、琐：犹言委琐，至不
堪之人，与"英"相对。　　　[93]拨弓：不正之弓。　　　[94]辟：
同"躄"。　　　[95]作者：言作世俗之说者。不祥：不善。学
者：言从而传述之者。非者：言非而辟之者。庆：庆幸。

[96]《诗经·小雅·十月之交》。　　　[97]噂（zǔn）：聚。沓
（tà）：重复。职：主。竞：力。言下民之孽，非天所为；噂噂
沓沓多言以相说，而背则相憎，专力为此者，皆由谗口之人。

[98]自"故作者不祥"至此三十六字疑是错简。　　　[99]三领：三
件。　　　[100]言平葬无丘陇之识，故葬于田而不妨田。

[101]抇（hú）：掘。言发冢。　　　[102]言其意必有所为。

[103]优犹：宽泰。　　　[104]刺：探取。　　　[105]吐：弃。言富
厚之极，人兽皆不争。　　　[106]言自无须为盗。　　　[107]丹矸：
丹砂。曾青：铜青。言以丹青饰棺椁。　　　[108]犀、象：犀角象

齿。树：树之于圹中。琅玕：似珠。龙兹、华觐，殆珠玉名。实：言犀、象树圹中，而以是诸物实其隙。　　[109]诡：责。言求利之罪责犹非所措意，而犯分之羞惭实重大莫能任。

[110]使：在位使人。　　[111]病不足：忧虑财物不足。　　[112]此甚言其残酷。　　[113]抉人之口：以死人口含金珠，故抉而取之。　　[114]虽此：犹云"此虽"。倮：同"裸"，露身。蘛：同"埋"。言虽裸葬亦且遭掘，不得久蘛而不发。　　[115]龁（hé）：咬。　　[116]淖陷：言使陷于不孝不仁，如在泥淖。偷取利：言生者苟为节省以自利。　　[117]子宋子：宋钘。　　[118]言虽恶其侮而不以为辱。　　[119]所求：言宋子所企求之不斗。

[120]言凡斗原于恶，不由于辱。　　[121]钜：通"讵"，亦岂；岂钜为复语，犹言"岂知"。　　[122]渎：古通"窦"。缺窦：可潜逾之穴。　　[123]亡于：言无与于，不在于。　　[124]金：通"唫"，闭口不言。弊：通"敝"。　　[125]知（zhì）：智。　　[126]与：通"举"，皆。　　[127]隆正：中正之标准。　　[128]大隆：大中正之标准。　　[129]名象：名物制度。　　[130]期：物之所会。命：名物。　　[131]言圣王以荣辱为人之大分。　　[132]言荣辱各有二。　　[133]捽：持头，抓头发。搏：手击。　　[134]捶、笞：均杖击。膑脚：刖其膝骨。

[135]枯磔：车裂其体。　　[136]藉：见凌藉。靡：见系缚。舌举：或谓即庄子所云"舌举而不下"，意即辞穷，亦耻辱。

[137]言上下皆以荣辱为治。　　[138]案：犹则。诎容为己：言屈容忍辱，以为持躬之道。诎：屈。虑：谋。　　[139]垝涂：圮涂泥。垝，同"圮"。焦侥：短人。　　[140]踬：为"颠"之本

字，僵仆也。顷：少顷。　　[141]言息其说。　　[142]言人之情当欲其寡少，而世之人以为情欲其盛多，是过也。　　[143]是：此。言上五綦。　　[144]杀（shài）：减也。言以富厚赏之，以减损罚之。　　[145]禄：受禄。　　[146]严：通"俨"。好（hào）说：自喜其说。

礼　论

　　礼起于何也？曰：人生而有欲，欲而不得，则不能无求；求而无度量分界，则不能不争；争则乱，乱则穷[1]。先王恶其乱也，故制礼义[2]以分之，以养人之欲，给人之求。使欲必不穷乎物，物必不屈于欲，两者相持而长[3]，是礼之所起也。

　　故礼者，养也。刍豢稻粱，五味调〔香〕盉[4]，所以养口也；椒兰芬苾[5]，所以养鼻也；雕琢、刻镂、黼黻、文章，所以养目也；钟鼓、管磬、琴瑟、竽笙，所以养耳也；疏房、檖䫉、越席、床笫、几筵[6]，所以养体也。故礼者，养也。

　　君子既得其养，又好其别。曷谓别？曰：贵贱有等，长幼有差，贫富轻重皆有称[7]者也。故天子大路[8]越席，所以养体也；侧载睪芷[9]，所以养鼻也；前有错衡[10]，所以养目也；和鸾之声[11]，步中《武》《象》，趋中《韶》《护》，所以养耳也；龙旗九斿，所以养信也[12]；寝兕、〔持〕特虎、蛟韅、丝末、弥龙[13]，所以养威也；故大路之马必〔倍〕信至教顺[14]，然后乘之，所以养安也。孰知夫出死要节之所以养生也[15]？孰知夫出费用之所以养财也[16]？孰知夫恭敬辞让之所以养安也？孰知夫礼义文理之所以养情也[17]？故人苟生之为见，若者必死[18]；苟利之为见，若者必害[19]；苟怠惰偷懦之为安，若者必危；苟情说[20]之为乐，若者必灭。故人一之于礼义，则两得之矣[21]；一之于情性，则两丧之矣。故儒者将使人两得之者也，墨者将使人两丧之者也。是儒、墨之分也。

礼有三本：天地者，生之本也；先祖者，类[22]之本也；君师者，治之本也。无天地恶生？无先祖恶出？无君师恶治？三者偏亡[23]焉，无安人。故礼上事天，下事地，尊先祖而隆君师，是礼之三本也。

故王者天太祖[24]，诸侯不敢坏[25]，大夫士有常宗[26]，所以别贵〔始〕贱。贵〔始得〕贱，治德之本也。郊[27]止乎天子，而社〔止〕至于诸侯[28]，道及士大夫[29]，所以别尊者事尊，卑者事卑，宜大者巨，宜小者小也。故有天下者事〔十〕七世，有一国者事五世，有五乘之地者[30]事三世，有三乘之地者事二世，持手而食者[31]不得立宗庙，所以别积[32]厚〔积厚〕者流泽广，积薄者流泽狭也。

大飨，尚玄尊，俎生鱼，先大羹[33]，贵食饮之本也。飨，尚玄尊而用酒醴，先黍稷而饭稻粱[34]，祭，齐大羹而饱庶羞，贵本而亲用也[35]。贵本之谓文，亲用之谓理[36]。两者合而成文[37]，以归大一，夫是之谓大隆[38]。故尊之尚玄酒也，俎之尚生鱼也，俎之先大羹也，一也[39]。利爵之不醮也，成事之俎不尝也，三臭之不食也，一也[40]。大昏之未发齐也，大庙之未入尸也，始卒之未小敛也，一也[41]。大路之素〔未集〕末也，郊之麻绖也，丧服之先散麻也，一也[42]。三年之丧，哭之不〔文〕反也，清庙之歌，一倡而三叹也，县一钟，尚拊〔之〕膈，朱弦而通越也，一也[43]。

凡礼，始乎〔梲〕脱，成乎文，终乎〔悦校〕隆[44]。故至备，情文俱尽；其次，情文代胜[45]；其下，复情[46]以归大一也。天地以合，日月以明，四时以序，星辰以行，江河以流，万物以昌，好恶以节，喜怒以当，以为下则顺，以为上则明，万〔物〕变〔而〕不乱，〔贰〕贰[47]之则丧也。礼岂不至矣哉！立隆以为极[48]，而天下莫之能损益也。本末相顺[49]，终始相应，至文以有别，至察以有说[50]。天下从之者治，不从者乱；从之者安，不从者危；从之者存，不从者亡。小人不能测也。

礼之理诚深矣，"坚白"、"同异"之察入焉而溺；其理诚大矣，擅作典制辟陋之说入焉而丧；其理诚高矣，暴慢、恣睢、轻俗以为高之属入焉而队[51]。故绳墨诚陈矣，则不可欺以曲直；衡诚县矣，则不可欺以轻重；规矩诚设矣，则不可欺以方圆；君子审于礼，则不可欺以诈伪。故绳者，直之至；衡者，平之至；规矩者，方圆之至；礼者，人道之极也。然而不法礼，不足礼，谓之无方之民；法礼足礼，谓之有方之士[52]。礼之中焉能思索，谓之能虑；礼之中焉能勿易，谓之能固[53]。能虑能固，加好之者焉，斯圣人矣。故天者，高之极也；地者，下之极也；无穷者，广之极也；圣人者，道之极也。故学者固学为圣人也，非特学为无方之民也。

礼者，以财物为用，以贵贱为文，以多少为异[54]，以隆杀为要[55]。文理繁，情用省，是礼之隆也[56]；文理省，情用繁，是礼之杀也[57]；文理、情用相为内外、表里，并行而杂，是礼之中流也[58]。故君子上致其隆，下尽其杀，而中处其中[59]。步骤、驰骋、厉骛[60]，不外是矣。是君子之坛宇、宫廷[61]也。人有是，士君子也；外是，民也；于是其中焉，方皇周挟[62]，曲得其次序，是圣人也。故厚者，礼之积也；大者，礼之广也；高者，礼之隆也；明者，礼之尽也[63]。《诗》[64]曰：“礼仪卒度，笑语卒获。”[65]此之谓也。

礼者，谨于治生死者也。生，人之始也；死，人之终也。终始俱善，人道毕矣。故君子敬始而慎终。终始如一，是君子之道，礼义之文也。夫厚其生而薄其死，是敬其有知而慢其无知也，是奸人之道而倍叛之心也。君子以倍叛之心接臧穀[66]，犹且羞之，而况以事其所隆亲乎！故死之为道也，一而不可得再复也，臣之所以致重其君，子之所以致重其亲，于是尽矣。故事生不忠厚、不敬文谓之野；送死不忠厚、不敬文谓之瘠[67]。君子贱野而羞瘠，故天子棺椁〔十〕七重，诸侯五重，大夫三重，士再重，然后皆有衣〔衾〕食[68]多少厚薄之数，皆有〔翣菨〕菨翣[69]文章之等以敬饰之，使生死终始若一，一足以为人愿[70]，是先王之道，忠臣孝子之极也。天子之丧动四海，属[71]诸侯；诸侯之丧动通国[72]，属大夫；大夫之丧动一国，属修士[73]；修士之丧动一乡，属朋友；庶人之丧合族党，动州里；刑余罪人之丧不得合族党，独属妻子，棺椁三寸，衣衾三领，不得饰棺，不得昼行，以昏殣，凡缘而往埋之[74]，反无哭泣之节，无衰麻之服，无亲疏月数之等，各反其平，各复其始[75]，已葬埋，若无丧者而止，夫是之谓至辱。

礼者，谨于吉凶不相厌者也[76]。纻纩听息之时，则夫忠臣孝子亦知其闵已[77]。然而殡敛之具未有求也；垂涕恐惧，然而幸生之心未已，持生之事未辍也[78]。卒矣，然后作具之。故虽备〔家〕物，必逾日然后能殡，三日而成服[79]。然后告远者出矣，备物者作矣。故殡久不过七十日，速不损五十日。是何也？曰：远者可以至矣，百求可以得矣，百事可以成矣，其忠至矣，其节大矣，其文备矣。然后月朝卜日，月夕卜宅[80]，然后葬也。当是时也，其义止，谁得行之？其义行，谁得止之？故三月之葬，其貌以生设饰死者也[81]，殆非直留死者以安生也。是致隆思慕之义也。

丧礼之凡[82]：变而饰[83]，动而远[84]，久而平[85]。故死之为道也，不饰则恶，恶则不哀，尒则玩[86]，玩则厌，厌则忘，忘则不敬。一朝而丧其严亲[87]，而所以送葬之者不哀不敬，则嫌[88]于禽兽矣，君子耻之。故变而饰，所以灭恶也；动而远，所以遂敬也；久而平，所以优生[89]也。

礼者，断长续短，损有余，益不足，达爱敬之文，而滋成行义之美者也[90]。故文饰、粗恶，声乐、哭泣，恬愉、忧戚，是反也，然而礼兼而用之，时举而代御[91]。故文饰、声乐、恬愉，所以持平奉吉也；粗〔衰〕恶、哭泣、忧戚，所以持险奉凶也。故其立文饰也，不至于窕冶[92]；其立粗〔衰〕恶也，不至于瘠弃[93]；其立声乐、恬愉也，不至于流淫惰慢；其立哭泣、哀戚也，不至于隘慑[94]伤生，是礼之中流也。

故情貌之变足以别吉凶，明贵贱亲疏之节，〔期〕斯止矣；外是，奸也，虽难，君子贱之。故量食而食之，量要[95]而带之。相高以毁瘠，是奸人之道也，非礼义之文也，非孝子之情也，将以有为[96]者也。故说豫娩泽，忧戚萃恶[97]，是吉凶忧愉之情发于颜色者也。歌谣謸笑，哭泣谛号[98]，是吉凶忧愉之情发于声音者也。刍豢、稻粱、酒醴、〔饘鬻〕鱼肉，饘鬻、菽藿、〔酒〕水浆[99]，是吉凶忧愉之情发于食饮者也。卑绨、黼黻、文织，资粗、衰绖、菲繐、菅屦[100]，是吉凶忧愉之情发于衣服者也。疏房、檖貌、越席、床笫、几筵，属茨、倚庐、席薪、枕块[101]，是吉凶忧愉之情发于居处者也。两情者，人生固有端焉[102]。若夫断之继之，博之浅之，益之损之，类之尽之，盛之美之，使本末终始莫不顺比，足以为万世则，则是礼也。非顺孰修为[103]之，君子莫之能知也。

故曰：性者，本始材朴也；伪者，文理隆盛也[104]。无性则伪之无所加，无伪则性不能自美。性伪合，然后成圣人之名一，天下之功于是就也。故曰：天地合而万物生，阴阳接而变化起，性伪合而天下治。天能生物，不能辨物也；地能载人，不能治人也；宇中万物、生人之属，待圣人然后分也。《诗》曰："怀柔百神，及河乔岳。"[105]此之谓也。

　　丧礼者，以生者饰死者也，大象其生以送其死也。故〔如〕事死如生，〔如〕事亡存，终始一也。始卒，沐浴、鬠体、饭唅，象生〔袭〕术也[106]。不沐则濡栉三律而止，不浴则濡巾三式而止[107]。充耳而设瑱[108]，饭以生稻，唅以槁骨，反生术矣[109]。说袭衣，袭三称，缙绅而无钩带矣[110]。设掩面儇目，鬠而不冠笄矣[111]。书其名，置于其重，则名不见而柩独明矣[112]。荐器则冠有鍪而毋纵[113]，瓮、庑[114]虚而不实，有簟席而无床笫[115]，木器不成斵，陶器不成物，薄器不成〔内〕用[116]，笙竽具而不和，琴瑟张而不均[117]，舆藏而马反，告不用也。具生器以适墓，象徙道也[118]。略而不尽，䫉而不功，趋舆而藏之，金革辔靷而不入，明不用也[119]。象徙道，又明不用也，是皆所以重哀也。故生器文而不功，明器[120]䫉而不用。凡礼，事生，饰欢也；送死，饰哀也；祭祀，饰敬也；师旅，饰威也。是百王之所同，古今之所一也，未有知其所由来者也。故圹垄[121]，其䫉象室屋也；棺椁，其䫉象版盖〔斯象〕拂也[122]也；无帾丝歶〔缕〕翣婓，其䫉以象菲帷帱尉也[123]。抗折，其䫉以象槾茨番阙也[124]。故丧礼者，无它焉，明死生之义，送以哀敬而终周藏也。故葬埋，敬藏其形也；祭祀，敬事其神也；其铭、诔、系世[125]，敬传其名也。事生，饰始也；送死，饰终也。终始具而孝子之事毕，圣人之道备矣。刻死而附生谓之墨，刻生而附死谓之惑[126]，杀生而送死[127]谓之贼。大象其生以送其死，使死生终始莫不称宜而好善，是礼义之法式也，儒者是矣。

三年之丧，何也？

曰：称情而立文[128]，因以饰群，别亲疏、贵贱之节，而不可益损也。故曰：无适不易[129]之术也。创巨者其日久，痛甚者其愈迟，三年之丧，称情而立文，所以为至痛极也。齐衰，苴杖[130]，居庐，食粥，席薪，枕块，所以为至痛饰也。三年之丧，二十五月而毕，哀痛未尽，思慕未忘，然而礼以是断之者，岂不以送死有已，复生[131]有节也哉？凡生乎天地之间者，有血气之属必有知，有知之属莫不爱其类。今夫大鸟兽则[132]失亡其群匹，越月逾时，则必反铅[133]；过故乡，则必徘徊焉，鸣号焉，踯躅焉，踟蹰焉，然后能去之也。小者是燕爵[134]，犹有啁噍之顷焉，然后能去之。故有血气之属莫知于人，故人之于其亲也，至死无穷。将由夫愚陋淫邪之人与？则彼朝死而夕忘之，然而纵之[135]，则是曾鸟兽之不若也，彼安能相与群居而无乱乎？将由夫修饰之君子与？则三年之丧，二十五月而毕，若驷之过隙，然而遂之[136]，则是无穷也。故先王圣人安为之立中制节，一使足以成文理，则舍之矣[137]。

然则何以分之[138]？曰：至亲以期断[139]。是何也？曰：
天地则已易矣，四时则已遍矣，其在宇中者莫不更始矣，故
先王案以此象之也[140]。然则三年何也？曰：加隆焉，案使
倍之，故再期也[141]。由九月以下何也[142]？曰：案使不及
也[143]。故三年以为隆，缌、小功以为杀[144]，期、九月以为
间[145]，上取象于天，下取象于地，中取则于人，人所以群
居和一之理尽矣。故三年之丧，人道之至文者也，夫是之谓
至隆，是百王之所同，古今之所一也。

君之丧所以取三年，何也？曰：君者，治辨之主也，文
理之原也，情貌之尽也[146]。相率而致隆之，不亦可乎？
《诗》[147]曰："恺悌[148]君子，民之父母。"彼君〔子〕
者，固有为民父母之说焉。父能生之，不能〔养〕食之；母
能食之，不能教诲之；君者，已能食之矣，又善教诲之者也[149]，
三年毕矣哉？乳母，饮食之者也，而三月；慈母[150]，衣被
之者也，而九月；君，曲备之[151]者也，三年毕乎哉！得之则
治，失之则乱，文[152]之至也；得之则安，失之则危，情[153]
之至也。两至者俱积焉，以三年事之犹未足也，直无由进之
耳[154]。故社，祭社也；稷，祭稷也；郊者，并百王于上天
而祭祀之也[155]。

三月之殡[156]何也？曰：大之也，重之也。所致隆也，
所致亲也，将举措之，迁徙之，离宫室而归丘陵也，先王恐
其不文也，是以籧其期[157]，足之日也。故天子七月，诸侯
五月，大夫三月，皆使其须[158]足以容事，事足以容成，成

足以容文，文足以容备，曲容备物之谓道矣[159]。

祭者，志意思慕之情也。愪诡、唈僾而不能无时至焉[160]。故人之欢欣和合之时，则夫忠臣孝子亦愪诡而有所至矣[161]。彼其所至者甚大动也[162]。案屈然已，则其于志意之情者惆然不嗛，其于礼节者阙然不具[163]。故先王案为之立文[164]，尊尊亲亲之义至矣。故曰：祭者，志意思慕之情也，忠信爱敬之至矣，礼节文貌之盛矣，苟非圣人，莫之能知也。圣人明知之，士君子安行之，官人以为守，百姓以成俗。其在君子，以为人道也；其在百姓，以为鬼事也。故钟鼓、管磬、琴瑟、竽笙，《韶》《夏》《護》《武》《汋》《桓》《箾》〔简〕《象》，是君子之所以为愪诡其所喜乐之文也[165]。齐衰、苴杖、居庐、食粥、席薪、枕块，是君子之所以为愪诡其所哀痛之文也[166]。师旅有制，刑法有等，莫不称罪，是君子之所以为愪诡其所敦恶之文也[167]。卜筮视日，斋戒修涂，几筵、馈荐、告祝，如或飨之[168]；物取而皆祭之，如或尝之[169]；毋利举爵，主人有尊，如或觞之[170]；宾出，主人拜送，反易服，即位而哭，如或去之[171]。哀夫！敬夫！事死如事生，事亡如事存，状乎无形影，然而成文[172]。

----

[1]穷：无法收拾。　　[2]礼义：法和伦理道德。
[3]屈：竭。言为之立中道，故欲不尽于物，物不竭于欲，欲与物相扶持，以此长（zhǎng）养。　　[4]盃：后作"和"，调

味。 [5]苾(bì)：馨香。 [6]疏房：通明之房。樾貌：义难详，或言当读为"邃邈"，屋宇深邃绵渺。与并列之"疏房"等比观，殊弗类。越席：蒲席。第(zǐ)：床席。筵：铺陈之席。合言之，则床第犹"床榻"，几筵犹"几案"。 [7]称：言各当其宜。 [8]大路：即大辂，天子之车。 [9]侧：旁侧也。载：置也。臭(zé)芷：香草。 [10]错衡：刻画之车前横木。 [11]和、鸾，皆车上铃。 [12]旒(liú)：联缀于旗之条。信：通"神"，言画龙于旗，取其神变。 [13]寝兕：天子乘舆轮左右所画二寝兕。特虎：天子乘舆之前所画独虎。鞹(xiǎn)：马腋之革；蛟鞹：以蛟鱼皮做的鞹。末：即幦(mì)，盖于车轼上者。弥龙：车轭末端的龙头装饰。

[14]信至教顺：言调良之极，训练有素。 [15]出死：为国舍身。要节：自要约以节义。言孰知唯能出死要节，则世治而后生可保。 [16]出费用：贡赋问遗之属。言孰知唯能出费用，则国用足，群情怡，而后财可养。 [17]养情：言使情不至流荡。 [18]言苟唯以生为见，只是偷生，不能出死要节，若是者必死。 [19]言苟唯以利为见，不能出费用，若是者必遇害。 [20]说：同"悦"。 [21]一之：凡事皆取准于此。两：礼义、情性。 [22]类：种族。 [23]偏亡：言阙其一二。 [24]言以太祖配天。 [25]言承不迁移始祖入远祖之庙。 [26]常宗：百世不迁之大宗。 [27]郊：祭天。

[28]社：土地之主也。土地阔不可尽敬，故封土为社以报功。言天子以下至诸侯得立社。 [29]道：通。大夫以下，成群立社，曰置社。 [30]古者十里为成，成出革车一乘。有五乘之

地者：言大夫有菜地者。　　[31]持手而食者：言食力之人。

[32]积：同"绩"，功业。　　[33]大飨：合祭先祖。尚：上。玄尊：水也。太古无酒，以水行礼。后王重古，因尊其名曰玄尊。俎生鱼：以生鱼为俎也。大羹：肉汁无盐梅之味者。

[34]飨：同"享"，四时享庙。用：酌献。言以玄酒为上而献以酒礼，先陈黍稷而后饭以稻粱。　　[35]祭：月祭也。齐（jī）：通"跻"，升。饱：言尸（代表死者受祭的活人）食之而致饱。庶羞：众馔。用：言可用食。　　[36]文：言修饰。理：言合宜。　　[37]文理一耳，贵本则溯追上古，礼至备矣，兼备之谓文；亲用则曲尽人情，礼至察矣，密察之谓理。理统于文，故两者通谓之文。　　[38]大：通"太"。太一：言太古时。隆：盛。　　[39]言所以像太古时，皆贵本之义。　　[40]利爵：言佐食所献之爵。醮：尽，尽爵也。成事：卒哭之祭。始从吉祭，故受爵而不尝俎。臭：通"侑"，劝食。三臭：言尸告饱，祝（主持祭礼者）侑之，如是者三。言是三者皆礼之终。　　[41]未发齐：言婚礼先设对席对黍稷对爵合卺，夫妇齐陈之，而尚未迎妇入。言是三者皆礼之初，始质而未备。　　[42]末：即幭（mì），盖于车轼上者。散麻：丧礼小敛时主人始把散麻系在腰间而散垂之。言是三者皆从质。　　[43]不反：言无曲折。倡：发歌句。一人倡而三人叹，言和之者寡。拊膈：乐器。以革为之，实之以糠。练朱弦：用熟丝制的琴弦。越：瑟底孔，所以发越其声，故谓之越。疏通之，使声迟。言是数者亦皆从质。

[44]脱：疏略。言礼始于疏略，成于文饰，终于大隆。　　[45]代胜：不能俱尽，或情胜于文，或文胜于情。　　[46]复情：言得

其情。　　　[47]貣：通"忒（tè）"，差错。　　　[48]言立隆盛之礼以为极则。　　　[49]顺：通"巡"。　　　[50]以：犹"而"。[51]队：同"坠"。　　　[52]足礼：言重礼。无方：无廉耻而丧其隅。有方：能砥厉而德有隅。　　　[53]勿易：不变。言能思索，勿易于礼之范围以内，方谓之能虑、能固。　　　[54]为用：为行礼之用。为文：以车服旗章为区别贵贱的文饰。为异：言多少异制，所以别上下。　　　[55]隆：丰厚。杀（shàn）：降等。要：适当。言礼或厚或薄，唯其所当为贵。　　　[56]文理：言威仪。情用：言忠诚。言文过于情，是礼之隆盛。　　　[57]言如尊尚玄酒，本于质素；是情过于文，虽见灭杀，而亦礼。　　　[58]杂：通"集"，会合。中流：中道。　　　[59]言君子于大礼则极其隆厚，小礼则尽其降杀，中用则得其中道，皆不失礼。　　　[60]厉骛：飞跑。　　　[61]坛宇、宫廷：犹言范围。　　　[62]方皇：读为"仿偟"，犹徘徊。挟：通"浃"，周，遍。　　　[63]言圣人所以能厚、大、高、明，皆由于礼。　　　[64]《诗经·小雅·楚茨》。　　　[65]卒：尽。度：法度。获：言得其宜。[66]臧：奴也。古荆、淮、海、岱之间方言，骂奴曰臧。穀：孺子，亦古方言。　[67]忠厚：忠心、笃厚。敬文：恭敬、有文饰。野：野蛮不知礼。瘠：薄，不足于礼。　　　[68]衣：言衣、衾。食：言遣车所苞遣奠。　　　[69]蒌翣（lóu shè）：棺之墙饰。　　　[70]言生死如一则人愿皆足。　　　[71]属：合聚。[72]通国：通好之国。　　　[73]修士：士之进修者，谓上士。[74]殣（jìn）：掩埋。凡：常。缘：因。言往埋之，其妻子服饰一如往常。　　　[75]言送死而后，各如其平始。　　　[76]厌：掩。

言不使相侵掩。 [77]纮纊：即属纊，置新绵于病情危急者鼻下，以其动静候息绝。闵：疾甚。言当病情危急之时，忠臣孝子虽知其危殆，而不事殡敛之具。 [78]言虽垂涕恐惧，而犹冀其得全。 [79]备：具。言物虽具备，而不敢遽。 [80]月朝：月初也。日：葬日。月夕：月末。宅：葬所。或言"日宅"二字上下互误，理不当先卜日后卜宅也。 [81]貌：貌。言其像以生之所设器用饰死者，三月乃能备。 [82]凡：大凡，概要。 [83]言人死尸体渐变形，每为之加饰。 [84]言死者渐移而渐远。如饭于牖下，小敛于户内，大敛于阼，殡于客位，祖于庭，葬于墓就是这样。 [85]言久则哀杀如平常。

[86]伞：同"迩"，近。玩：戏狎。 [87]严亲：尊亲。尊谓君；亲谓父母。 [88]嫌：近。 [89]优生：言优养生者。[90]言使贤不肖得中。贤者达爱敬之文而止，不至于灭性；不肖者养成行义之美，不至于禽兽。 [91]时：适时。御：进用。 [92]窕：通"姚"。姚冶：妖美。 [93]瘠弃：瘠薄自弃，毁伤身体。 [94]隘：穷。慽：犹"戚"。 [95]要：同"腰"。 [96]有为：别有企图。 [97]豫：乐。婗（wèn）泽：颜色润泽也。萃：同"顇"。萃恶：颜色憔悴。[98]谖：同"傲"，戏谑。谛：同"啼"。 [99]刍豢、稻粱、酒醴、鱼肉，吉事之饮食；饘鬻、菽藿、水浆，凶事之饮食。饘：同"馕"（zhān），稠粥。鬻：同"粥"。 [100]卑绲：疑当为"弇绲"。弇，即今"弁"字。文织：染丝织为文章。资：同"齐"，即齐衰（zī chī），丧服名。粗：粗布。菲：草衣。繐：细而疏之布。菅：茅。 [101]茨：盖屋草。属茨：令茨相

连属而已，至疏漏。倚庐：言倚木为庐，至苟简。　　　[102]两
情：谓吉与凶，忧与愉。言此两情固自有端绪，非出于礼。
[103]顺：从。孰：精。修：治。为：作。　　　[104]材朴：犹言质
素。伪：即"为"字，人为之礼节教化皆是。　　　[105]《诗经·
周颂·时迈》。怀柔：安托，指望祭各种神。乔岳：高山，此句
言祭及高山大川。取以喻圣人能并治之。　　　[106]鬠（kuò）：
束发。体：言剪指甲等。饭唅：实米于尸之口。生术：生道。
[107]濡：湿也。栉：梳篦之总称。律：理发。式：同"拭"。
[108]瑱（tiàn）：充耳之玉。　　　[109]楎骨：贝。反生术：反于
生之道。　　　[110]说：通"脱"。亵衣：贴身之衣。缙：同
"搢"，插。绅：大带。搢绅：谓插笏于带。带之钩，所用弛张
也，今不复解脱，故不设钩。　　　[111]儇（xuán）：同"还"，
绕。笄（jī）：簪。言用练帛绕掩面目，但为束发，男不加冠，
妇不加笄。　　　[112]书其名：言书其名于旌。重（chóng）：以
木为之，暂代神主牌，所以附神。言见所书置于重，则名已无，
但知其柩。　　　[113]荐器：言陈鬼器。鍪：冠卷如兜鍪。纚
（xǐ）：束发之帛。　　　[114]瓮、庑：所以盛醯醢、醴酒。
[115]言棺中不施床笫。　　　[116]不成斲：言不加工。不成物：言
略具其形，不可用。薄器：竹苇之器。　　　[117]均言不协调。
[118]生器：用器，弓、矢、盘、盂之属。象徙道：言象生时迁
徙。　　　[119]趋舆：犹驱舆。藏：藏于墓。金革：辔首铜。靰：
所以引轴者。不入：言不与舆并藏。　　　[120]明器：鬼器。
[121]圹：墓中。垄：冢。　　　[122]版：通"轭"（fǎn），车箱
两旁反出如耳的部分，所以屏蔽尘泥。靳：通"报"（hén）。

拂：即"茀"（fú）。车箱前的遮蔽物谓之鞎，后谓之茀。
[123]无：通"幠"（hū），覆于棺上者。帩：同"褚"，饰于棺旁者。丝鬠：未详，殆亦棺饰。菲：言编草为蔽。帾（hóu）：帐。尉：通"罻"，网，帷帐如网。　　[124]抗：加于圹上，所以御土者。折：所以承抗者。槾（mán）：涂饰，粉刷。茨：盖屋。番：通"藩"，藩篱。网：谓门户垄网风尘者。
[125]铭：铭文。诔：悼词。系、世：言帝系、世本之属。
[126]刻：损减。附：增益。墨：苟简无礼。惑：惑乱过礼。
[127]杀生送死：如以人殉葬之类。　　[128]情：哀情。文：礼文。　　[129]无适不易：言所至皆不可易。　　[130]苴杖：苴（jū），枯竹。谓以死竹为之杖。　　[131]复生：言除丧以后恢复平常的生活。　　[132]则：犹"若"。　　[133]铅：同"沿"，循。　　[134]爵：同"雀"。　　[135]纵之：言不为之制丧礼。　　[136]遂之：言不以时除丧。　　[137]安：助词。一：皆。舍：除。指除去丧服。　　[138]分：半也。半于三年。
[139]期（jī）：周岁。断：决。指终丧。言服之正，虽至亲皆期而除。　　[140]在宇中者：言万物。更始：言机运重周。案：助词。　　[141]言于父母加厚其恩，故使倍期。　　[142]言从大功以下。大功服期九个月。　　[143]使不及：言使其恩不若父母。
[144]杀（shài）：减等。　　[145]间：在隆、杀之间。
[146]治辨：治理，辨亦治。文理：法度的条理。情：忠诚。貌：恭敬。　　[147]《诗经·大雅·泂酌》。　　[148]恺悌（kǎi tì）：和易近人。　　[149]食（sì）之：言禄廪。教诲之：言制命。　　[150]慈母：庶母而抚成其子者。　　[151]曲备

之：言兼饮食、衣服。　　[152]文：言法度。　　[153]情：言忠厚。　　[154]直：但。言丧宜有节，不能加于三年。

[155]社：土神，以句龙配之。稷：百谷之神，以弃配之。但各只祭一神而已。郊：祭天。百王：百世之王，皆前世之君。此句在此殊不类，疑当在下"尊尊亲亲之义至矣"之下。　　[156]此"殡"字盖指既殡之后、未葬之前之时期，非直言殡。

[157]繇：通"遥"，言远其葬期。　　[158]须：迟也。言迟葬之期。　　[159]言委曲容物备物乃为道。　　[160]愅（gé）诡：变异感动之貌。喟僾（yì ài）：气不舒之貌。不能无时至：言有待而至。　　[161]言欢欣、和合之时，忠臣、孝子则感动而思君、亲不得同乐。　　[162]言所至之情甚大感动。　　[163]屈然：犹空然。惘然：怅然。嗛（qiè）：足。言若无祭祀之礼，惟空然而已，则忠臣、孝子之情怅然不足，礼节又阙然不具。

[164]文：言祭祀的礼节。　　[165]《武》《汋》《桓》：皆《周颂》篇名。《韶》：舜乐。《夏》：禹乐。《濩》：汤乐，字亦作"濩"。《箾》（shuò）：文王之乐。《象》：武王伐纣之乐。愅诡其所喜乐之文：言于其所喜乐有感动，因为之文饰。

[166]言感动其所哀痛，因为之文饰。　　[167]古宋鲁方言相恶谓之诨憎。敦：音义与"诨"并同，则亦憎恶。言于其所憎恶有感动，因制师旅刑法为之文饰。　　[168]视日：视日之吉凶。涂：系"除"之借字。修涂：言就庙中修饰打扫。馈：献牲体。荐：进黍稷。如或尝之：言或像鬼神真的来享受一样。　　[169]言每物皆取而授尸尝一点，如神之亲尝一样。　　[170]利：古祭祀时侍奉尸的人。言不使利代举爵；主人亲设尊酌以献尸，尸饮之，

如神饮其觞一样。　　[171]此杂说丧祭。易服：换去祭服，换上丧服。言殡出，祭事毕，即位而哭，如神之去一样。　　[172]状：类似，好像。

乐 论

　　夫乐者，乐也，人情之所必不免也。故人不能无乐。乐则必发于声音，形于动静[1]。〔而〕人之道也，声音、动静，性术之变尽是矣[2]。故人不能不乐。乐则不能无形[3]。形而不为道[4]，则不能无乱。先王恶其乱也，故制《雅》《颂》之声以道之，使其声足以乐而不流；使其文足以辨而不諰[5]；使其曲直、繁省、廉肉[6]、节奏足以感动人之善心；使夫邪污之气无由得接焉。是先王立乐之方也，而墨子非之，奈何！

　　故乐在宗庙之中，君臣上下同听之，则莫不和敬；闺门之内，父子兄弟同听之，则莫不和亲；乡里族长之中，长少同听之，则莫不和顺。故乐者，审一以定和者也[7]，比物以饰节者也[8]，合奏以成文者也[9]，足以率一道[10]，足以治万变。是先王立乐之术也，而墨子非之，奈何！

　　故听其《雅》《颂》之声，而志意得广焉；执其干戚[11]，习其俯仰屈伸，而容貌得庄焉；行其缀兆，要其节奏[12]，而行列得正焉，进退得齐焉。故乐者，出所以征诛也，入所以揖让也。征诛揖让，其义一也。出所以征诛，则莫不听从；入所以揖让，则莫不从服。故乐者，天下之大齐也，中和之纪[13]也，人情之所必不免也。是先王立乐之术也，而墨子非之，奈何！

且乐者，先王之所以饰喜也；军旅铁钺者，先王之所以饰怒也。先王喜怒皆得其齐焉[14]。是故喜而天下和之，怒而暴乱畏之。先王之道，礼乐正其盛者也，而墨子非之。故曰：墨子之于道也，犹瞽之于白黑也，犹聋之于清浊[15]也，犹欲之楚而北求之也。

夫声乐之入人也深，其化人也速。故先王谨为之文。乐中平则民和而不流，乐肃庄则民齐而不乱。民和齐则兵劲城固，敌国不敢婴[16]也。如是，则百姓莫不安其处，乐其乡，以至足其上矣。然后名声于是白，光辉于是大，四海之民莫不愿得以为师[17]。是王者之始也。乐姚冶以险[18]，则民流僈[19]鄙贱矣。流僈则乱，鄙贱则争。乱争则兵弱城犯，敌国危之。如是，则百姓不安其处，不乐其乡，不足其上矣。故礼乐废而邪音起者，危削侮辱之本也。故先王贵礼乐而贱邪音。其在序官也，曰：修宪命[20]，审〔诛赏〕诗商[21]，禁淫声，以时顺修[22]，使夷俗邪音不敢乱雅，太师[23]之事也。

墨子曰："乐者，圣王之所非也，而儒者为之，过也。"君子以为不然。乐者，圣人之所乐也，而可以善民心。其感人深，其移风〔易俗〕俗易。故先王导之以礼乐而民和睦。夫民有好恶之情，而无喜怒之应则乱。先王恶其乱也，故修其行，正其乐，而天下顺焉。故齐衰之服，哭泣之声，使人之心悲；带甲婴軸[24]，歌于行伍，使人之心〔伤〕

惕；姚冶之容，郑、卫之音，使人之心淫；绅、端、章甫[25]，舞《韶》歌《武》，使人之心庄。故君子耳不听淫声，目不视女色，口不出恶言。此三者，君子慎之。凡奸声感人而逆气应之，逆气成象[26]而乱生焉，正声感人而顺气应之，顺气成象而治生焉。唱和有应，善恶相象[27]，故君子慎其所去就也。君子以钟鼓道志，以琴瑟乐心，动以干戚，饰以羽旄[28]，从以磬管[29]。故其清明象天，其广大象地，其俯仰周旋有似于四时[30]。故乐行而志清，礼修而行成，耳目聪明，血气和平，移风易俗，天下皆宁，美善相乐。故曰：乐者，乐也。君子乐得其道，小人乐得其欲。以道制欲，则乐而不乱；以欲忘道，则惑而不乐。故乐者，所以道乐也。金石丝竹，所以道德也。乐行而民乡方矣。故乐者，治人之盛者也，而墨子非之。且乐也者，和之不可变者也；礼也者，理之不可易者也。乐合同，礼别异。礼乐之统，管乎人心矣。穷本极变，乐之情也；著诚去伪，礼之经也。墨子非之，几遇刑也[31]。明王已没，莫之正也。愚者学之，危其身也。君子明乐，乃〔其德〕斯听也[32]。乱世恶善，不此听也。於乎哀哉！不得成也。弟子勉学，无所营也[33]。

　　声乐之象[34]：鼓大丽[35]，钟统实[36]，磬廉制[37]，竽笙〔箫〕肃和，筦龠发猛[38]，埙箎翁博[39]，瑟易良[40]，琴妇好[41]，歌清尽[42]，舞意天道兼[43]。鼓，其乐之君邪！故鼓似天，钟似地，磬似水，竽笙、〔箫和〕筦龠似星辰日月，鞉、柷、拊鞷、椌楬[44]似万物。

曷以知舞之意？曰：目不自见，耳不自闻也[45]，然而治俯仰、诎信、进退、迟速，莫不廉制[46]，尽筋骨之力以要钟鼓俯会之节[47]，而靡有悖逆者，众积意講講乎[48]。

吾观于乡[49]，而知王道之易易也。主人亲速宾及介，而众宾皆从之[50]。至于门外，主人拜宾及介而众宾皆入，贵贱之义别矣。三揖至于阶，三让以宾升，拜至，献酬，辞让之节繁[51]。及介省矣[52]。至于众宾，升受，坐祭，立饮，不酢而降[53]。隆杀之义辨矣[54]。工入，升歌三终[55]，主人献之；笙入三终[56]，主人献之[57]；间歌三终[58]，合乐三终[59]，工告乐备，遂出[60]。二人扬觯[61]，乃立司正焉[62]。知其能和乐而不流也。宾酬主人，主人酬介，介酬众宾，少长以齿，终于沃洗者焉[63]。知其能弟长而无遗也[64]。降，说屦，升坐，修爵无数[65]。饮酒之节，朝不废朝，莫不废夕[66]。宾出，主人拜送[67]，节文终遂焉[68]。知其能安燕而不乱也[69]。贵贱明，隆杀辨，和乐而不流，弟长而无遗，安燕而不乱。此五行者，是足以正身安国矣。彼国安而天下安。故曰：吾观于乡，而知王道之易易也。

乱世之征：其服组[70]，其容妇[71]，其俗淫，其志利[72]，其行杂[73]，其声乐险[74]，其文章匿而采[75]，其养生无度，其送死瘠墨[76]，贱礼义而贵勇力，贫则为盗，富则为贼。治世反是也。

----

[1]形：见。言心有所乐，则必发于咏歌嗟叹，表见于外貌，手之舞之，足之蹈之，此人道之自然。　　[2]言性情心术之变化虽多，而声音、动静足以尽之。　　[3]言乐则不以声音、动静见于外。　　[4]不为道：言不导之。　　[5]流：淫放。文：乐之篇章。辨：变。谡（xǐ）：通"息"，犹"销"。言使乐章完尽其变化而不销尽。　　[6]廉：清。肉：肥满，犹言重浊。廉肉：言音之清浊。　　[7]一：言律。言审律以定调和之音。[8]物：金、石、丝、竹之属。言比附诸物以饰音曲之节。[9]言联合节奏以成声音之文，和谐。　　[10]一道：大道。言乐足以统率大道。　　[11]干：盾也。戚：斧也。二者武舞所执。　　[12]缀：表，所以表行列。兆：域，舞者进退所至。要（yāo）：应合，符合。　　[13]纪：纲纪。　　[14]言喜怒皆中节。　　[15]清浊：言音之清浊。　　[16]婴：同"撄"，触：侵犯。　　[17]师：长。　　[18]姚冶：浮薄，轻佻。险：邪。[19]流僈：散漫放纵。　　[20]言修宪法之，所以表示人。[21]商：读为"章"，古通。　　[22]言不失其时而顺之修之。[23]太师：乐官之长。　　[24]婴：系于颈也。軸：同"胄"。[25]绅：大带。端：玄端服。章甫：殷冠。　　[26]成象：言形之于歌舞。　　[27]善恶相象：言善恶其所表现。　　[28]羽：翟羽。旄：旄牛尾。二者舞者之所执。　　[29]磬管：乐器。　　[30]清明：言人声。广大：言钟鼓。周旋：言舞者。　　[31]言其说惑世，宜获罪。　　[32]听：从。言君子明乐，盖知穷本极变乐之情，故从此。　　[33]营：通"荧"，惑。言毋为墨子所惑。

[34]言声乐诸器，皆有象征之意。　　[35]丽：偶。言鼓之为物大，音亦大；又用鼓自八至二，皆无奇数。　　[36]统：言钟统众乐，为之君。实：成实。钟为秋分之音，万物至秋而成。

[37]廉：棱。言磬有隅棱。制：裁断。磬以明贵贱亲疏长幼之节，是有制。　　[38]筦：同"管"。发：发扬。猛：猛起。

[39]埙（xūn）：土制吹器，有六孔。篪（chí）：单管横吹乐器。翁博：犹滃渤。言其沉闷而不扬。　　[40]易良：言其中和平易。　　[41]妇好：柔婉。　　[42]尽：反复以尽之。

[43]《左传》有云："夫舞所以节八音而行八风。"然则以八音之器，播八方之风，手之舞之，足之蹈之，故曰天道兼。

[44]鞉（táo）：小鼓也。持其柄摇之，旁耳还自击。柷（zhù）：方木器。形似酒斗，所以止音为节。拊鞷（fǔ gé）：即"拊膈"，乐器，以革为之，实之以糠。控楬：长柄木椎，所以击柷而止乐。　　[45]言舞非自为观、自为听。　　[46]数者皆舞之容节，言莫不廉棱而有裁断。　　[47]要（yāo）：犹会，合。俯会：言俯仰会合。　　[48]諱（chí）：语諱諱。言舞意与众音繁会而应节，如人告语之諱諱然。　　[49]乡：乡中饮酒之礼。其礼今存于《仪礼》。　　[50]速：在家迎请。饮酒之礼，贤者为宾，其次为介，余为众宾。　　[51]拜至：拜其来至。献酬：言酌酒献宾，宾用酒回敬主人，主人又酌而自饮以酬宾。辞让之节繁：言礼节之数繁多。　　[52]言介酢主人而止，主人不酢介，礼节视宾为省。　　[53]言主人献众宾于西阶上，受爵，坐祭，立饮，不酢主人而降。　　[54]言于宾于介于众宾，其礼之繁省不同，则隆杀之义别。　　[55]工：乐工。三

终：歌《诗经》三篇，每一篇而一终。言升堂歌《鹿鸣》《四牡》《皇皇者华》三篇。 [56]言吹笙之人入于堂下，奏《南陔》《白华》《华黍》三篇。 [57]言献笙入。

[58]间：代也。言笙歌既竟，堂上与堂下更代而作，堂上人先歌《鱼丽》，则堂下笙《由庚》，为一终；堂上歌《南有嘉鱼》，堂下笙《崇丘》，为二终；堂上歌《南山有台》，堂下笙《由仪》，为三终。 [59]合乐：堂上歌瑟及笙并作。言堂上人歌《关雎》，则笙吹《鹊巢》合之，为一终；堂上歌《葛覃》，笙吹《采蘩》合之，为二终；堂上歌《卷耳》，笙吹《采蘋》合之，为三终。 [60]言乐工告乐正以"正歌备"，乐正以告宾，乃降。 [61]觯（zhì）：饮酒爵。言使二人举觯于宾、介。 [62]言至此礼乐之正既成，将留宾，为有懈惰，立司正以监之。司正：监礼之人。 [63]沃洗者：言以水沃盥洗爵者。言旅酬之时，宾、主人之党各以少长为齿，以次相旅，至于沃洗者。 [64]弟：少。言少长皆与而无遗弃。 [65]说：通"脱"。修爵无数：言饮无算爵。 [66]不废朝：言饮酒之礼，朝后乃行之。不废夕：言礼毕而治私家之事。莫：同"暮"。 [67]言主人送于门外，再拜。 [68]终遂：礼毕。 [69]言安于燕乐而不至乱。 [70]组：文。服组：言奢华。 [71]言血气态度拟于女子。 [72]言汲汲于货财。

[73]杂：杂污。 [74]险：淫邪而不和平。 [75]匿：通"慝"，邪。采：文采。言其文章质邪谬而貌文采。

[76]瘠：不忠厚，不敬文。墨：苟简无礼。

解　蔽

凡人之患，蔽于一曲而暗于大理[1]。治则复经[2]，两疑则惑矣[3]。天下无二道，圣人无两心。今诸侯异政，百家异说，则必或是或非，或治或乱。乱国之君，乱家之人，此其诚心，莫不求正而以自为也[4]，妒缪于道而人诱其所迨也[5]。私其所积[6]唯恐闻其恶也；倚其所私，以观异术[7]，唯恐闻其美也。是以与治〔虽〕离走而是己不辍也[8]。岂不蔽于一曲而失正求也哉？心不使[9]焉，则白黑在前而目不见，雷鼓在侧而耳不闻，况于〔使〕蔽者乎？德[10]道之人，乱国之君非之上[11]，乱家之人非之下，岂不哀哉！

故为蔽[12]：欲为蔽，恶为蔽；始为蔽，终为蔽；远为蔽，近为蔽；博为蔽，浅为蔽；古为蔽，今为蔽[13]。凡万物异则莫不相为蔽[14]，此心术之公患也。

昔人君之蔽者，夏桀、殷纣是也。桀蔽于末喜、斯观，而不知关龙逢[15]，以惑其心而乱其行；纣蔽于妲己、飞廉，而不知微子启[16]，以惑其心而乱其行。故群臣去忠而事私，百姓怨非而不用[17]，贤良退处而隐逃，此其所以丧九牧之地而虚宗庙之国也[18]。桀死于〔亭〕鬲山[19]，纣县于赤斾[20]。身不先知，人又莫之谏，此蔽塞之祸也。成汤监于夏桀，故主其心而慎治之[21]，是以能长用伊尹而身不失道，此其所以代夏王而受九有[22]也。文王监于殷纣，故主其心而慎治之，是以能长用吕望而身不失道，此其所以代殷王而受九牧[23]也。远方莫不致其珍，故目视备色，耳听备声，口食备味，形居备宫，名受备号，生则天下歌，死则四海哭，夫是之谓至盛。《诗》[24]曰："凤凰秋秋，其翼若干，其声若箫。有〔凤〕凰有〔凰〕凤，乐帝之心。"[25]此不蔽之福也。

　　昔人臣之蔽者，唐鞅、奚齐是也[26]。唐鞅蔽于欲权而逐载子[27]，奚齐蔽于欲国而罪申生[28]，唐鞅戮于宋，奚齐戮于晋。逐贤相而罪孝兄，身为刑戮，然而不知，此蔽塞之祸也。故以贪鄙、背叛、争权而不危辱灭亡者，自古及今，未尝有之也。鲍叔、宁戚、隰朋[29]仁知且不蔽，故能持[30]管仲而名利福禄与管仲齐。召公、吕望仁知且不蔽，故能持周公而名利福禄与周公齐。传曰："知贤之谓明，辅贤之谓能。勉之强之，其福必长。"[31]此之谓也。此不蔽之福也。

　　昔宾孟之蔽者，乱家是也[32]。墨子蔽于用而不知文[33]，宋子蔽于欲而不知得[34]，慎子蔽于法而不知贤[35]，申子蔽于势而不知知[36]，惠子蔽于辞而不知实[37]，庄子蔽于天而不知人[38]。故由用谓之道，尽利矣[39]；由〔俗〕欲谓之道，尽嗛矣[40]；由法谓之道，尽数矣[41]；由势谓之道，尽便矣[42]；由辞谓之道，尽论矣[43]；由天谓之道，尽因矣[44]。此数具者，皆道之一隅也。夫道者，体常而尽变[45]，一隅不足以举[46]之。曲知[47]之人，观于道之一隅而未之能识也，故以为足而饰之，内以自乱，外以惑人，上以蔽下，下以蔽上。此蔽塞之祸也。孔子仁知且不蔽，故学乱术，足以为先王者也[48]。一家得周道，举而用之，不蔽于成积也[49]。故德与周公齐，名与三王并，此不蔽之福也。

圣人知心术之患，见蔽塞之祸，故无欲无恶，无始无终，无近无远，无博无浅，无古无今，兼陈万物而中县衡焉[50]。是故众异不得相蔽以乱其伦也。何谓衡？曰：道。故心不可以不知道。心不知道，则不可道而可非道[51]。人孰欲得恣而守其所不可，以禁其所可[52]？以其不可道之心取人，则必合于不道人，而不〔知〕合于道人[53]。以其不可道之心，与不道人论道人[54]，乱之本也。夫何以知[55]？〔曰〕心知道，然后可道；可道，然后能守道以禁非道。以其可道之心取人，则合于道人，而不合于不道之人矣。以其可道之心，与道人论非道，治之要也[56]。何患不知[57]？故治之要在于知道。

人何以知道[58]？曰：心。心何以知？曰：虚壹而静[59]。心未尝不臧也，然而有所谓虚[60]；心未尝不〔满〕两也，然而有所谓一[61]；心未尝不动也，然而有所谓静[62]。人生而有知，知而有志[63]。志也者，臧也。然而有所谓虚，不以所已臧害所将受谓之虚[64]。心生而有知，知而有异[65]，异也者，同时兼知之。同时兼知之，两也，然而有所谓一，不以夫一害此一谓之壹[66]。心，卧则梦，偷则自行，使之则谋[67]。故心未尝不动也，然而有所谓静，不以梦剧乱知谓之静[68]。未得道而求道者，谓之虚壹而静。作之，则[69]将须道者，虚之。虚则〔人〕入[70]。将事道者，壹之。壹则尽[71]。〔尽〕将思道者，静之。静则察[72]。知道察，知道行，体道者也[73]。虚壹而静，谓之大清明。万物莫形而不见，莫见而不论，莫论而失位[74]。坐于室而见四海，处于今而论久远，疏观万物而知其情，参稽治乱而通其度[75]，经纬天地而材官[76]万物，制割大理而宇宙〔里〕理矣。恢恢广广，孰知其极！罢罢广广[77]，孰知其德！涫涫纷纷，孰知其形[78]！明参日月，大满八极。夫是之谓大人。夫恶[79]有蔽矣哉？

心者，形之君也，而神明之主也，出令而无所受令[80]。自禁也，自使也，自夺也，自取也，自行也，自止也[81]。故口可劫而使墨云，形可劫而使诎申[82]，心不可劫而使易意，是之则受，非之则辞。故曰：心容其择也[83]，无禁必自见[84]，其物也杂博，其情之至也不贰[85]。《诗》[86]云："采采卷耳，不盈顷筐。嗟我怀人，寘彼周行。"[87]顷筐易满也，卷耳易得也，然而不可以贰周行[88]。故曰：心枝[89]则无知，倾[90]则不精，贰则疑惑。以赞稽之，万物可兼知也[91]。身尽其故则美[92]。类不可两也[93]，故知者择一而壹焉。农精于田而不可以为田师，贾精于市而不可以为〔贾〕市师，工精于器而不可以为器师。有人也，不能此三技而可使治三官。曰：精于道者也，非精于物者也。精于物者以物物[94]，精于道者兼物物[95]。故君子壹于道而以赞稽物。壹于道则正，以赞稽物则察。以正志行察论，则万物官矣[96]。昔者舜之治天下也，不以事诏[97]而万物成。处一危之，其荣满侧[98]；养一之微，荣矣而未知[99]。故《道经》曰："人心之危，道心之微。"[100]危微之几[101]，惟明君子而后能知之。

故人心譬如槃水，正错而勿动，则湛浊在下而清明在上[102]，则足以见须眉而察肤理矣。微风过之，湛[103]浊动乎下，清明乱于上，则不可以得〔大〕本形之正也。心亦如是矣。故导之以理，养之以清，物莫之倾，则足以定是非、决嫌疑矣。小物引[104]之则其正外易，其心内倾，则不足以决庶理矣。故好书者众矣，而仓颉独传者，壹也；好稼者众矣，而后稷独传者，壹也；好乐者众矣，而夔独传者，壹也；好义者众矣，而舜独传者，壹也。倕作弓，浮游作矢，而羿精于射[105]；奚仲作车，〔乘〕桑杜作乘马，而造父精于御[106]。自古及今，未尝有两而能精者也。

曾子曰：〔是〕"视其庭，可以搏鼠，恶能与我歌矣！"[107]空石[108]之中有人焉，其名曰觙，其为人也，善射以好思[109]。耳目之欲接则败其思，蚊虻之声闻则挫其精[110]。是以辟耳目之欲，而远蚊虻之声，闲居静思则通[111]。思仁若是，可谓微乎[112]？孟子恶败而出妻，可谓能自强矣，未及思也[113]。有子恶卧而焠掌，可谓能自忍矣，未及好也[114]。辟耳目之欲，〔可谓能自强矣，未及思也。〕蚊虻之声闻则挫其精，可谓危矣，未可谓微也[115]。夫微者，至人也。至人也，何强，何忍，何危？故浊明外景，清明内景[116]。圣人〔纵〕从其欲，兼其情，而制焉者理矣[117]。夫何强，何忍，何危？故仁者之行道也，无为也；圣人之行道也，无强也。仁者之思也恭，圣人之思也乐[118]。此治心之道也。

凡观物有疑[119]。中心不定，则外物不清。吾虑不清，则未可定然否也。冥冥[120]而行者，见寝石以为伏虎也，见植林[121]以为〔后〕立人也，冥冥蔽其明也。醉者越百步之沟，以为跬步之浍也[122]；俯而出城门，以为小之闺[123]也，酒乱其神也。厌[124]目而视者，视一以为两；掩耳而听者，听漠漠而以为哅哅[125]，势乱其官也[126]。故从山上望牛者若羊，而求羊者不下牵也，远蔽其大也；从山下望木者，十仞之木若箸，而求箸者不上折也，高蔽其长也。水动而景摇，人不以定美恶，水势玄[127]也。瞽者仰视而不见星，人不以定有无，用精[128]惑也。有人焉，以此时定物，则世之愚者也。彼愚者之定物，以疑决疑，决必不当。夫苟不当，安能无过乎？

夏首[129]之南有人焉，曰涓蜀梁。其为人也，愚而善畏。明月而宵行，俯见其影，以为伏鬼也；卬[130]视其发，以为立魅也。背[131]而走，比至其家，失气而死。岂不哀哉！凡人之有鬼也，必以其感忽之间、疑玄之时〔正〕定之[132]。此人之所以无有而有无[133]之时也。而己以〔正〕定事。故伤于湿痹，痹而击鼓〔鼓痹〕烹豚，则必有敝鼓丧豚之费矣，而未有俞疾之福也[134]。故虽不在夏首之南，则无以异矣[135]。

凡可以知，人之性也[136]；可〔以〕知，物之理也[137]。以可以知〔人〕之性，求可以知〔物〕之理，而无所疑止之，则没世穷年不能遍也[138]。其所以贯理焉，虽亿万已，不足以浃万物之变，与愚者若一[139]。学老身长子而与愚者若一，犹不知错，夫是之谓妄人[140]。故学也者，固学止之也[141]。

恶乎止之？曰：止诸至足[142]。曷谓至足？曰：圣王也[143]。圣也者，尽伦[144]者也。王也者，尽制[145]者也。两尽者，足以为天下极矣。故学者以圣王为师，案以圣王之制为法，法其法，以求其统类，以务象效其人[146]。向是而务[147]，士也；类是而几[148]，君子也；知之，圣人也。故有知非以虑是，则谓之〔惧〕㩳[149]；有勇非以持是，则谓之贼[150]；察孰非以分是，则谓之篡[151]；多能非以脩荡是，则谓之知[152]。辩利非以言是，则谓之讻[153]。传曰："天下有二：非察是，是察非[154]。"谓合王制与不合王制也。天下有不以是为隆正也，然而犹有能分是非、治曲直者邪？

若夫非分是非，非治曲直，非辨治乱，非治人道，虽能之无益于人，不能无损于人。案直将治怪说，玩奇辞，以相挠滑也；案强钳而利口，厚颜而忍诟，无正而恣睢，妄辨而几利[155]；不好辞让，不敬礼节，而好相推挤，此乱世奸人之说也。则天下之治说者方多然矣！

传曰："析辞而为察，言物而为辨，君子贱之；博闻强志，不合王制，君子贱之。"此之谓也。为之无益于成也，求之无益于得也，忧戚之无益于几[156]也，则广焉能弃之矣，不以自妨也，不少顷干之胸中[157]。不慕往，不闵来，无邑怜之心[158]，当时则动，物至而应，事起而辨，治乱可否，昭然明矣。

周而成，泄而败，明君无之有也[159]；宣而成，隐而败，暗君无之有也[160]。故君人者周则谗言至矣，直言反矣，小人迩而君子远矣。《诗》[161]云："墨以为明，狐狸而苍。"[162]此言上幽而下险也[163]。君人者宣则直言至矣，〔而〕谗言反矣，君子迩而小人远矣。《诗》[164]曰："明明在下，赫赫在上。"[165]此言上明而下化也。

----

[1]一曲：一端之曲说。暗：不明白。大理：大通之至理。言蔽于曲说，斯昧于至理，盖人之患。　[2]言治世用礼义，则自复经常之正道。　[3]两：匹敌。疑：通"拟"，有混乱之意。言天下之道一而已；如有与之相敌、与之相混者，惑即从此起。　[4]求正：求正人。自为：自助。　[5]缪：通"谬"，荒谬。迫：及。言乱君乱人嫉妒迷缪于道，故人因其所及而诱之。[6]积：习。　[7]倚：偏倚。异术：道不同者。言偏于其所私以观道不同者。　[8]离走：犹言背驰。是己不辍：自是不止。[9]使：用。心不使：言不用心于所见闻。　[10]德：通"得"。[11]非之上：在上面反对他。　[12]故：犹胡，何。设问何者为

蔽，下乃历数以应之。　　[13]言是十端皆滞于一隅，故皆为蔽。　　[14]言所好异则相为蔽。　　[15]末喜：夏桀伐有施，有施所奉女。斟观：或当为斟观。斟观，夏同姓国。盖其国君当时为桀佞臣。关龙逄：桀之忠臣，以直谏见杀。　　[16]妲己：有苏之女，为纣之妃。飞廉：纣之佞臣。微子启：纣之庶兄，微其国，子其爵，启其名。　　[17]非：同"诽"。不用：不为上用。[18]九牧之地：九州牧伯之地。虚：通"墟"，化为丘墟。[19]鬲山：亦作历山。鬲、历二字古相通。　　[20]斾（pèi）：旗帜。《史记》：武王斩纣头，悬于太白旗。此云赤斾，所传闻异。[21]主其心：言不为邪佞所惑。慎治之：言不乱其行。　　[22]九有：犹言九州，抚有其地，故谓之有。　　[23]九牧：亦言九州，畜养其民，故谓之牧。　　[24]逸诗。　　[25]秋秋：犹跄跄，形容舞态。干：盾牌。帝：言尧。言尧能用贤不蔽，天下和平，故有凤凰来仪之福。　　[26]唐鞅：宋康王臣。奚齐：晋献公骊姬子。　　[27]载：通"戴"。戴不胜，使薛居州傅王者，见《孟子》。　　[28]申生：晋献公之太子，奚齐之兄，为骊姬所谮，献公杀之。　　[29]三人皆齐大夫。　　[30]持：扶翼。[31]言必勉强于知贤、辅贤，然后其福长。　　[32]孟：通"萌"。宾：客。萌：民。战国时游士往来诸侯之国，谓之宾萌，盖当时有此称。乱家：包下文都了而言；人多不可悉举，故曰乱家，意谓持乱说之家。　　[33]用：实用。言墨子崇俭，欲使上下勤力，而不知贵贱等级之文饰。　　[34]得：古通"德"。言宋子以人之情欲寡而不欲多，但任其所欲则自治，而不知导欲持中之德。　　[35]言慎子本黄、老，归名、法，而不知尚贤。　　[36]后知字即今"智"字。言申子之说，得权势则以刑法驭下，而不知权势待才智然后治。　　[37]言惠子蔽于虚辞巧辩，而不知实理。　　[38]言庄子主任自然，而不知人之作用。　　[39]言由用而谓之道，则人尽于求利。盖谓此及以下数者只道之一隅，而墨、宋诸人自以为道，所以为蔽。

[40]嗛：同"慊"（qiè），快意。言从人所欲而谓之道，则人尽于快意。　　[41]尽数：言尽于术数。　　[42]便：便宜。言从权势而去智，则人尽于逐便宜，无复修立。　　[43]论：巧言辩说。　　[44]尽因：言纯任自然，无复治化。　　[45]体常：于其常而深体之。尽变：当其变而曲尽之。　　[46]举：总括。

[47]曲知：言不通于大道。　　[48]乱：治。言孔子学治天下之术，足以及先王。　　[49]周道：全面的道理。成积：积习。

[50]言是十端者，圣人皆不溺焉，故能兼陈万物，当其中而悬衡，揣其轻重。　　[51]可：许可。言心不知道，则不以道为可，而转以非道为可。　　[52]恣：放纵，放任。言人心谁欲得纵恣，而肯守其所不可之事，以自禁其所可者。　　[53]不道人：无道之人。道人：得道之人。　　[54]与不道人论道人：言与小人论君子。　　[55]知：通"智"。此承上言，与不道人论道人，必至妒贤害善，夫何能智？　　[56]与道人论非道：言与君子论小人。　　[57]此承上言，与道人论非道，必能惩奸去恶，何患不智？　　[58]知道人在于知道，故进问知道之术。　　[59]虚心专一而镇静不乱，言能如是则知道。　　[60]心未尝不臧：言心能收纳凡诸感觉。　　[61]心未尝不两：言心能同时兼知。　　[62]心未尝不动：言心能有种种活动，如梦与思虑之类。　　[63]志：

记忆。　　[64]言心既有所收纳，无害更收纳其后至者，此之谓"虚"。　　[65]异：识别差异之形相。　　[66]夫：犹"彼"。言感觉虽纷杂，而心能缘耳知声，缘目知形，比类区别，不以彼一害此一，此之谓"壹"。　　[67]自行：放纵也。使：役也。谋：虑之。言人心寝则有梦，懈怠则放纵，役用则谋虑。[68]剧：嚣烦。言心虽扰于梦想嚣烦，而专心接物，仍能有知，此之谓"静"。　　[69]言于求道者，告之以虚壹而静，使为之法式准则。　　[70]须：求。入：纳。言将求道者，宜致其虚。虚而后有所受纳。　　[71]言将有事于道者，宜致其壹。壹而后道无不尽。　　[72]言将思道者，宜致其静。静而后理无不察。　　[73]言知道而察之，知道而行之，即躬行正道。[74]见：通"现"。论：通"伦"。言有形莫不显现，所显莫不有伦理，伦理莫有失其分位者。　　[75]疏：参稽，考察验证。度：制。　　[76]材：通"裁"，裁制。官：统理。　　[77]睪：通"皞"。睪睪：广大貌。广广：与上文"恢恢广广"重出，疑当读为"旷旷"。　　[78]涫涫：沸貌。形字不入韵，疑当作"则"。　　[79]恶（wū）：何。　　[80]出令而无所受令：言心出令以使形，而不为形所使。　　[81]此六者皆由心使之然，所以为形之君。　　[82]劫：迫。墨：同"默"。云：言。诎：通"屈"。　　[83]言心能自禁，自使，自夺，自取，自行，自止，是容其自择。　　[84]无禁：言无所受令。必自见：言神明之主出令。　　[85]情：通"精"。言物虽杂博，精至则不贰。[86]《诗经·周南·卷耳》。　　[87]采采：方事采之。卷耳：草名。顷筐：畚之属。寘：置。周行：大道。　　[88]不可以贰周行：言不可以怀人真周行之心贰之。　　　[89]枝：通"岐"。
[90]倾：偏侧。　　　[91]赞稽：参考。言心能不贰，参考而类推
之，可以知万物。　　　[92]故：事。言能尽不贰之事则身美。
[93]言事类皆不可两。　　　[94]物物：前物字作动词用，治理、管
理。言能各治其一物。　　　[95]言能兼治各治其一物者。
[96]志：存于心者。论：发于言者。官：言各当其任，无差
谬。　　　[97]诏：告。　　　[98]危之：时加戒惧之心。荣：安荣。
言舜于事处以专一，且时加戒惧之心，故满侧皆获安荣。
[99]言舜心见道，而养以专一，在于几微，其心安荣，则他人未
之能知。　　　[100]道经：古言言道之书。今《尚书·大禹·谟》
有此语，"之"均作"惟"。言凡人治心，出以戒惧；道人养
心，则在微眇。　　　[101]几：萌兆。　　　[102]槃：同"盘"。错：置
也。湛：通"沈"，泥滓。　　　[103]湛：沉。　　　[104]引：牵
动。　　　[105]倕：舜臣。浮游：未详。古称黄帝臣夷牟作矢，或
浮游为夷牟别名，或声近而误。言二人者虽作弓矢，未必能射，
而羿一于射，故能精之。　　　[106]奚仲：夏禹时车正。作乘马：
创四马驾车之制。言二人者虽作车创四马驾车，未必能御，而造
父一于御，故能精之。　　　[107]可以搏鼠：言庭虚无人，至静
寂。而此静境中恐有潜修深思者，故言"恶能与我歌矣"，盖以
为我何可以歌咏乱之。　　　[108]空石：石穴。　　　[109]射：猜度
（谜语）。其人善射，自好思。　　　[110]虻：似蝇。挫：损也。
精：精诚。言其人恐偶接外物，则思索精诚且败损。　　　[111]辟：
屏除。通：射而果中。　　　[112]言思仁亦若空石之人，则可谓微
乎否。　　　[113]恶（wù）：厌恶。出妻：把妻子赶走。言孟子恶

其败德而出其妻，可谓能自强于修身；然求诸身外，盖未及思。　　[114]焠（cuì）：灼。言有若恶其寝卧而灼其掌，可谓能自忍其身；然出于强制，盖未及好。　　[115]言若空石之人所为，可谓能戒惧，然犹未可谓微。　　[116]景（yǐng）：古传火曰外景，水曰内景。此处言明之浊者其景照外，明之清者其景含内。盖以外景喻危，内景喻微。　　[117]言圣人从心所欲，兼尽其情，而主宰自当理。　　[118]言仁者能虚一而静，故其思也恭；圣人何强何忍何危，故其思也乐。　[119]疑：定。言观物，心须先有所疑定。　　[120]冥冥：昏暗不明貌，指暮夜。　　[121]植林：直立的树。　　[122]跬：半步。浍：小沟。　　[123]闺：特立之户，上圆下方，形似圭。　　[124]厌：指按。　　[125]漠漠：无声。呴呴：喧声。　　[126]官：感官。言势乱耳目之所主守。　　[127]景：影。玄：通“眩”。　　[128]精：视觉。[129]夏首：夏水口。涓蜀梁：事迹不详。　　[130]卬：同“仰”。　　[131]背：转身。　　[132]感：通“撼”。玄：通“眩”。撼忽，疑眩：皆精神摇乱迷蒙之谓。言当此之时，而后定其有鬼。　　[133]无有而有无：言以有为无，以无为有。[134]俞：通“愈”。此言愚惑之蔽。　　[135]言类此者皆无以异于涓蜀梁。　　[136]言人性能知万物。　　[137]言物理可为人所知。　　[138]疑：定，与“止”字合为一词，意为止境。言人求知物理，而物理殊无涯，苟不定之准则，则终身不能遍知。

[139]言所知纵多，苟不足以周知万物之变，则犹未免为愚者。　　[140]错：置，言废舍。言为无益之学，身已老矣，子已长矣，犹不知废舍，是之谓妄人（无知的人）。　　[141]学本来

要有个止境。　　　[142]至足：言至高足善之道。　　　[143]言以圣王之道定为准则。　　　[144]伦：伦类。即万物之理。　　　[145]制：法度。　　　[146]统类：纲要。象效：效法。象亦效。　　　[147]言向着这个方向努力。　　　[148]几：近。　　　[149]是：指圣王之制。下并同。擭：擭取之。言有智而非虑及圣王之制，则谓之"擭"。　　　[150]言有勇而非以持制圣王之制，则谓之"贼"。　　　[151]言熟于察而不以分圣王之制，则谓之"篡"。孰：同"熟"。　　　[152]脩：通"涤"。知：智巧。言多能而不以涤荡圣王之制，使之纯洁，则谓之"知"。　　　[153]辩利：犹言能辩也。诎（yì）：多言。言能辩而不言圣王之制，则谓之"诎"。　　　[154]言天下事理总有是与非两个方面，要从非中辨出是，要从是中辨出非。　　　[155]挠滑：扰乱人心。挠：扰。滑：乱。钳：古方言，恶。强钳：既强且恶。诟：耻。恣睢：放肆，暴戾。几：近。　　　[156]几：吉凶祸福之几。　　　[157]广：通"旷"，空。能：通"而"。言此无益之事，则旷焉而弃之，不让其片刻干扰自己的心胸。　　　[158]邑：同"悒"，快。怜：通"吝"，惜。言不慕往古，不闵将来，弃无益之事，绝无悒快吝惜之心，惟求其合于道。　　　[159]周：隐密也。言以隐密而成，以宣露而败，明君无此事。　　　[160]言以宣露而成，以隐密而败，暗君无此事。　　　[161]逸诗。　　　[162]墨：幽暗。狐狸：本黄色。言以暗为明，以黄为苍。　　　[163]幽：暗。险：倾侧。　　　[164]《诗经·大雅·大明》。　　　[165]言文王之德明明在下，故赫赫然著见于天。

正 名

后王之成名[1]：刑名从商，爵名从周，文名从《礼》[2]。散名[3]之加于万物者，则从诸夏之成俗曲期，远方异俗之乡则因之而为通[4]。散名之在人者：生之所以然者谓之性[5]。〔性〕生之和所生，精合感应，不事而自然谓之性[6]。性之好、恶、喜、怒、哀、乐，谓之情[7]。情然而心为之择谓之虑[8]。心虑而能为之动谓之伪[9]。虑积焉，能习焉，而后成谓之伪。正利而为谓之事[10]。正义而为谓之行[11]。所以知之在人者谓之知，知有所合谓之知[12]。〔智〕所以能之在人者谓之能。能有所合谓之能[13]。性伤谓之病[14]。节遇谓之命[15]。是散名之在人者也，是后王之成名也。

故王者之制名，名定而实辨，道行而志通，则慎率民而一焉。故析辞[16]擅作，〔名〕以乱正名，使民疑惑，人多辨讼，则谓之大奸，其罪犹为符节、度量之罪也[17]。故其名莫敢托为奇辞以乱正名，故其民悫[18]，悫则易使，易使则〔公〕功[19]。其民莫敢托为奇辞以乱正名，故壹于道法而谨于循令矣。如是，则其迹[20]长矣。迹长功成，治之极也。是谨于守名约之功也。今圣王没，名守慢[21]，奇辞起，名实乱，是非之形不明，则虽守法之吏、诵数之儒，亦皆乱也。

若有王者起，必将有循于旧名，有作于新名[22]。

然则所为有名，与所缘以同异，与制名之枢要，不可不察也[23]。异形离心交喻，异物名实〔玄〕互纽[24]。贵贱不明，同异不别，如是则志必有不喻之患，而事必有困废之祸[25]。故知者为之分别，制名以指实，上以明贵贱，下以辨同异。贵贱明，同异别，如是则志无不喻之患，事无困废之祸，此所为有名也。

然则何缘而以同异？曰：缘天官[26]。凡同类、同情者，其天官之意物也同[27]。故比方之疑似而通，是所以共其约名以相期也[28]。形体、色理以目异[29]；声音清浊、调〔竽〕节、奇声以耳异[30]；甘、苦、咸、淡、辛、酸、奇味以口异；香、臭、芬、郁、腥、臊、〔洒酸〕漏、庮、奇臭以鼻异[31]；疾、养、沧、热、滑、〔铍〕铍、轻、重以形体异[32]；说、故、喜、怒、哀、乐、爱、恶、欲以心异[33]。心有征知[34]。征知则缘耳而知声可也，缘目而知形可也[35]。然而征知必将待天官之当簿其类然后可也[36]。五官簿之而不知，心征之而无说，则人莫不然谓之不知[37]。此所缘而以同异也[38]。

然后随而命之[39]，同则同之，异则异之[40]。单足以喻则单，单不足以喻则兼[41]，单与兼无所相避则共[42]。虽共，不为害矣[43]。知异实者之异名也，故使异实者莫不异名也，不可乱也。犹使〔异〕同实者莫不同名也。故万物虽众，有时而欲遍举之，故谓之物。物也者，大共名也。推而共之，共则有共，至于无共然后止[44]。有时而欲〔遍〕偏举之，故谓之鸟兽。鸟兽也者，大别名也。推而别之，别则有别，至于无别然后止[45]。名无固宜[46]，约之以命[47]。约定俗成谓之宜，异于约则谓之不宜。名无固实[48]，约之以命。〔实〕约定俗成谓之实名[49]。名有固善，径易而不拂[50]，谓之善名。物有同状而异所者，有异状而同所者[51]，可别也。状同而为异所者，虽可合，谓之二实。状变而实无别而为异者，谓之化[52]。有化而无别，谓之一实。此事之所以稽实定数也[53]。此制名之枢要也。后王之成名，不可不察也。

"见侮不辱"[54]，"圣人不爱己"[55]，"杀盗非杀人也"[56]，此惑于用名以乱名者也。验之所〔以〕为有名而观其孰行，则能禁之矣[57]。"山渊平"[58]，"情欲寡"[59]，"刍豢不加甘，大钟不加乐"[60]，此惑于用实以乱名者也。验之所缘〔无〕以同异而观其孰调，则能禁之矣[61]。"非而谒楹"[62]，"有牛马，非马也"[63]，此惑于用名以乱实者也。验之名约，以其所受悖其所辞，则能禁之矣[64]。

凡邪说辟[65]言之离正道而擅作者，无不类于三惑者矣。故明君知其分而不与辨也。夫民易一以道而不可与共故[66]。故明君临之以势，道[67]之以道，申[68]之以命，章之以论[69]，禁之以刑。故其民之化道也如神，辨〔势〕说恶用矣哉！今圣王没，天下乱，奸言起，君子无势以临之，无刑以禁之，故辨说也。实不喻然后命，命不喻然后期[70]，期不喻然后说，说不喻然后辨[71]。故期、命、辨、说也者，用之大文也[72]，而王业之始也。名闻而实喻，名之用也。累而成文，名之丽

也[73]。用、丽俱得[74]，谓之知名。名也者，所以期累实也
[75]。辞也者，兼异实之名以论一意也[76]。辨说也者，不异实
名以喻动静之道也[77]。期命也者，辨说之用也。辨说也者，
心之象道也[78]。心也者，道之工宰也[79]。道也者，治之经理
也[80]。心合于道，说合于心，辞合于说，正名而期，质请而
喻[81]，辨异而不过[82]，推类而不悖[83]，听则合文，辩则尽
故[84]。以正道而辨奸，犹引绳以持曲直，是故邪说不能乱，
百家无所窜。有兼听之明而无奋矜之容；有兼覆之厚而无伐
德之色。说行则天下正，说不行则白道而冥穷[85]。是圣人之
辨说也。《诗》[86]曰："颙颙卬卬，如珪如璋，令闻令望。
岂弟君子，四方为纲。"[87]此之谓也。

　　辞让之节得矣，长少之理顺矣，忌讳不称[88]，祅辞不
出，以仁心说，以学心听，以公心辨[89]。不动乎众人之非
誉，不〔治〕冶观者之耳目[90]，不赂贵者之权势，不利传辟者
之辞[91]。故能处道而不贰，〔吐〕咄而不夺，利而不流[92]，
贵公正而贱鄙争。是士君子之辨说也。《诗》[93]曰："长夜
漫兮，永思骞兮[94]。大古之不慢兮[95]，礼义之不愆兮[96]，
何恤人之言兮！"此之谓也。

　　君子之言，涉然而精，俯然而类，差差然而齐[97]。彼正
其名，当其辞，以务白其志义者也[98]。彼名辞也者，志义之
使也，足以相通则舍之矣[99]。苟之，奸也[100]。故名足以指

实，辞足以见极[101]，则舍之矣。外是者谓之讱[102]，是君子之所弃，而愚者拾以为己宝。故愚者之言，芴然而粗，啧然而不类，諰諰然而沸[103]。彼诱其名，眩其辞，而无深于其志义者也[104]。故穷藉而无极[105]，甚劳而无功，贪而无名。故知[106]者之言也，虑之易知也，行之易安也，持之易立也，成则必得其所好而不遇其所恶焉。而愚者反是。《诗》[107]曰："为鬼为蜮，则不可得；有靦面目，视人罔极。作此好歌，以极反侧。"[108]此之谓也。

凡语治而待去欲者[109]，无以道欲而困于有欲者也。凡语治而待寡欲者，无以节欲而困于多欲者也。有欲无欲，异类也，〔生死也〕性之具也，非治乱也[110]。欲之多寡，异类也，情之数也，非治乱也[111]。欲不待可得，而求者从所可[112]。欲不待可得，所受乎天也。求者从所可，受乎心也[113]。所受乎天之一欲，制于所受乎心之多，固难类所受乎天也[114]。人之所欲生甚矣；人之所恶死甚矣。然而人有从生成死者。非不欲生而欲死也。不可以生而可以死也[115]。故欲过之而动不及，心止之也[116]。心之所可中理[117]，则欲虽多，奚伤于治！欲不及而动过之，心使之也[118]。心之所可失理，则欲虽寡，奚止于乱！故治乱在于心之所可，亡于[119]情之所欲。不求之其所在，而求之其所亡，虽曰我得之，失之矣。

性者，天之就也[120]；情者，性之质也；欲者，情之应也。以所欲为可得而求之，情之所必不免也；以为可而道之，知所必出也[121]。故虽为守门，欲不可去。〔性之具也〕虽为天子，欲不可尽[122]。欲虽不可尽，可以近尽也；欲虽不可去，求可节也[123]。所欲虽不可尽，求者犹近尽；欲虽不可去，所求不得，虑者欲节求也[124]。道者[125]，进则近尽，退则节求，天下莫之若也。凡人莫不从其所可，而去其所不可。知道之莫之若也，而不从道者，无之有也。假之有人而欲南无多，而恶北无寡[126]，岂为夫南者之不可尽也，虽南行而北走也哉？今人所欲无多，所恶无寡，岂为夫所欲之不可尽也，离得欲之道而取所恶也哉？故可道而从之，奚以损之而乱[127]！不可道而离之，奚以益之而治[128]！故知者论道而已矣，小家珍说之所愿皆衰矣[129]。

凡人之取也，所欲未尝粹而来也；其去也，所恶未尝粹而往也[130]。故人无动而〔不〕可以不与权[131]俱。衡[132]不正，则重县于仰，而人以为轻；轻县于俯，而人以为重，此人所以惑于轻重也。权不正，则祸托于欲而人以为福；福托于恶而人以为祸，此亦人所以惑于祸福也。道者，古今之正权也，离道而内自择[133]，则不知祸福之所托。易[134]者以一易一，人曰无得亦无丧也。以一易两，人曰无丧而有得也。以两易一，人曰无得而有丧也。计者取所多，谋者从所可。以两易一，人莫之为，明其数也。从道而出，犹以一易两也，奚丧？离道而内自择，是犹以两易一也，奚得？其累百年之欲，易一时之嫌[135]，然且为之，不明其数也。

有尝试深观其隐而难〔其〕察者[136]，志轻理[137]而不外重物者，无之有也；外重物而不内忧者，无之有也。行离理而不外危者，无之有也；外危而不内恐者，无之有也。心忧恐则口衔刍豢而不知其味，耳听钟鼓而不知其声，目视黼黻而不知其状，轻暖平簟而体不知其安。故向万物之美而不能嗛也[138]；假而得〔问〕间而嗛之，则不能离也[139]。故向万物之美而盛忧，兼万物之利而盛害。如此者，其求物也，养生也？粥寿也[140]？故欲养其欲而纵其情，欲养其性而危其形；欲养其乐而攻其心，欲养其名而乱其行。如此者，虽封侯称君，其与夫盗无以异；乘轩戴绖，其与无足无以异[141]。夫是之谓以己为物役矣。

心平愉，则色不及佣[142]而可以养目，声不及佣而可以养耳，蔬食菜羹而可以养口，粗布之衣、粗紃之履[143]而可以养体，〔屋〕局室、〔庐庾葭〕芦帘、槁蓐，尚机筵[144]而可以养形。故无万物之美而可以养乐，无势列之位而可以养名。如是而加天下焉[145]，其为天下多，其〔和〕私乐少矣。夫是之谓重己役物。

无稽之言，不见之行，不闻之谋[146]，君子慎之！

----

[1]成名：确定名称。 [2]文名：礼节仪式之名。《礼》：周之《礼经》。 [3]散名：杂名。言约定俗成之众名。刑名、爵名、文名皆出于王制，官之所专用。万物之名则不然，故曰散名。 [4]诸夏：古代指中原地区。成俗：固有的习俗。曲期：普遍的认可。因之：凭借诸夏所定的名称。通：译而通之，相互了解。 [5]言生而本然者谓性。 [6]精合：言如耳目之精灵

与见闻之物合。感应：言外物感心而来应。事：任使。言生之和气所生，精合感应，不加任使而自然，性之本能。　　[7]言性感物而分为此六者，谓情。　　[8]言情既如是而心为之审择可否而行，谓虑。　　[9]能：功力。伪：人为。言心虑而加力，施于行动，谓伪。　　[10]正：以此为准。为：亦可作"伪"。下并同。事：业务，如商、农、工、贾。言准利而为谓事。

[11]言准义而为谓行。行：德行。　　[12]在人者：言藏于心。"谓之知"之知，通"智"。有所合：言遇物而应。言所以知之藏于心者谓智；遇物而知与之合由于有智。　　[13]在人者：言藏于身。有所合：言处事而当。言所以能之藏于身者谓能；处事而得其当由于有能。　　[14]言伤其天性谓病。　　[15]节：犹"适"。言偶然而遇，莫之致而至者谓命。　　[16]析辞：玩弄词句。　　[17]符节度量宜有定准，不可擅为，擅为则有罪。

[18]悫（què）：诚实。　　[19]功：功效，意为收到成效。

[20]迹：王者所立之迹。　　[21]言忌慢于守名约。　　[22]作：变。言若有王者起，必将遵循成名，变易惑乱正名之新名。

[23]所为有名：所以有名之故。所缘以同异：名所因以同异之故。制名之枢要：制名之总要（关键）。言正名不可不察是三者。

[24]此言名不正之害。离心：各不相同之人心。纽：结。互纽：纷结而乱。言名不正，则本异形，我谓此圆而彼方，人谓彼圆而此方；本异物，我名此牛而彼马，人名彼牛而此马。　　[25]不喻：不明白，不了解。困废：窒碍难行。　　[26]天官：耳、目、口、鼻、心、体。　　[27]意物：对事物之感觉、印象。

[28]约名：约定事物共同的名称。言比方其疑似以通之，是所以

共其名以相期会交际。　　[29]此以下言天官之意物。色理：肤理。以目异：言以目之感觉而能别异之。　　[30]调：声之和。节：声之制。奇声：奇异之声。　　[31]芬：花草之香气。郁：腐臭。漏（lóu）：蝼蛄臭者。庮（yǒu）：恶臭。　　[32]疾：痛。养：同"痒"。沧：寒。钑：同"涩"。言是数者以形体之感觉而能别异之。　　[33]说：通"悦"，心诚悦之。故：同"固"，烦闷。　　[34]征：证明。言心于说、故、喜、怒、哀、乐、爱、恶、欲之外，又能证明所知，使之诚确。

[35]言唯心有征知故能如是；否则感觉纷至而无统，不能有所知。　　[36]簿：记录。言心能征知，必天官曾受是类感觉，如记录于簿书然，两相会合，然后成其用。　　[37]然：语助词。言五官感之而不知其名，心能征之，而亦不能说其名，则人皆谓之不知。　　[38]这就是名称之所以有同异的由来。　　[39]言既分同异，随即为之命名。　　[40]言同类则同名，异类则异名。　　[41]喻：晓。单：物之单名，如马如牛。兼：物之复名，如白马、黄牛。　　[42]言单名复名有不可相避者，则举其共名；如单名谓之马、牛，虽万马、牛同名，或复名谓之白马、黄牛，虽万白马、黄牛同名。　　[43]言虽共不害于分别。

[44]有：通"又"。言推此共名之理以包一切，共而又共，至于无可共然后止。　　[45]言推此别名之理以别万物，如鸟有鸡、雀，兽有牛、马，别而又别，至于无可别然后止。　　[46]言名本无定也。　　[47]命：命之。言约定用这一名称命名这一实物。　　[48]言某名本不定表某实。　　[49]实名：如天、地、山、川。言约定俗成，共谓之天、地、山、川，则四者即实

名。　　[50]径易：平直易晓。拂：违反。　　[51]所：实质。下两"所"字同。　　[52]言状变而实犹是，不谓之二实而谓之化。　　[53]言稽考事物的实质来确定名称的多寡。　　[54]此宋钘之言。　　[55]《墨辩·大取》云："爱人不外己，己在所爱之中。己在所爱，爱加于己，伦列之爱己，爱人也。"荀子所指，当即此说。　　[56]此《墨辩·小取》语。　　[57]言所为有名，原以明贵贱，别同异。今说若此，是贵贱不明，同异无别。既以是验之，更观其所名与古来所名孰行，则足以证其非而禁之。　　[58]此即庄子"山与泽平"之说。　　[59]此宋钘之说。　　[60]此墨子之说。　　[61]言所缘以同异，在天官之所感。今说若此，与天官之所感不相应。既以是验之，更观其所言与古来所称孰为调顺，则足以证其非而禁之。　　[62]此四字当作"排而谓盈"，言互相排斥，又互相包涵。　　[63]《墨辩经》下有"牛马之非牛，与可之同，说在兼"一条。《经说》下云："'牛马，牛也'，未可。则或可或不可。而曰'牛马，牛也，未可'，亦不可。且牛不二，马不二，而牛马二。则牛不非牛，马不非马，而牛马非牛非马。无难。"荀子所指，当即此说。又，"牛马非马"疑是公孙龙的学说。　　[64]名约：所谓"约定俗成谓之宜"。所受：心之所是（所赞成的）。所辞：心之所非（所反对的）。言以名约验之固不如是。其所是与其所非相违，而所非正俗成以为是者。则足以证其非而能禁之。[65]辟：通"僻"，谬。　　[66]故：所以然。言民可一之以大道，使之遵循，而不可与共明其所以然。　　[67]道：同"导"。　　[68]申：重。　　[69]章：明。论：同"伦"。

[70]命：以名命之。期：会。言实不易晓则为之命名；命名而仍难晓者，则以形状大小会之，俾易晓。　　[71]说：解说其所以然的道理。辨：反复辨明。　　[72]无期命辨说则万事不行，故实用上最善最美的方法。　　[73]丽：同"俪"，配合联缀也。言累名而成文辞，无非使诸名相配合相联缀。　　[74]言既能名闻而实喻，又能缀合恰当。　　[75]期：会合。累实：犹言诸实。言名所以会合诸实，使举而可喻。　　[76]辞：语辞。言语辞积诸异实之名来表述一个意思。　　[77]不异实名：言所用名始终同其涵义，无广狭之别。动静：是非。　　[78]言辨说所以形象道理而说之。　　[79]工：官。工宰：犹言主宰。

[80]经：常法。理：条贯。　　[81]质：正。请：通"情"，实。言正其名以会物，正其情实而喻之。　　[82]言足以别异物，则不为过说（没有错误）。　　[83]言推同类之物使共其名，不使乖悖。　　[84]言听人之说，则取其合文理（即合乎礼法）者；自为辨说，则尽其事实。　　[85]兼覆：无所不包。伐德：自夸美德。穷：通"躬"。白道而冥穷：言明白其道而幽隐其身。

[86]《诗经·大雅·卷阿》。　　[87]颙颙（yóng）：温貌。卬卬（áng）：志气高朗。岂（kǎi）弟：和乐平易。　　[88]言无人称道触犯忌讳之言。　　[89]言言说务于开导，不骋辞辨；听人之说主于悚敬，不事争辨；与他人辨本于至公，无所偏曲。

[90]冶：古通"蛊"。言不以妖辞蛊惑众人之耳目。　　[91]利：言爱悦之。传辟者之辞：言世俗传说，邪僻者之辞。　　[92]咄：通"诎"。言言虽困诎而不可劫夺，虽通利而不至流荡。

[93]逸诗。　　[94]漫：漫漫，夜长貌。謇：思貌。　　[95]言无

乖于太古之道。　　　[96]愆：违反。　　　[97]涉然：深入之貌。俯然：俯就貌。类：言有统类，不虚诞。差差然：不齐貌。
[98]当：运用。志义：思想。　　　[99]言名辞得志义之理则已。
[100]苟之：故意加以曲说或标新立异。奸：邪说。　　　[101]极：中正。　　　[102]外是：超过这个（界限）。讱：难。言是务为难说。　　　[103]芴：同"忽"。忽然：无根本貌。啧：同"赜"。赜然：烦言貌。诸诸然：多言貌。沸：沸腾。　　　[104]诱：诳。言其名不正，其辞眩惑，又不深明于志义相通之理。
[105]藉：布陈。言穷陈其辞，而无中正之理。　　　[106]知：通"智"。　　　[107]《诗经·小雅·何人斯》。　　　[108]觍（tiǎn）：有面目的样子。反侧：反覆不正直。言汝为鬼为蜮，则不可得而见矣。汝乃人也，觍然有面目与人相视，无穷极之时。是以作此好歌，以究极尔反侧之心。　　　[109]语治：论治国之道。　　　[110]言欲为性之所固具，欲之有无，非治乱所系。
[111]言欲之多寡为人情必然之数，亦非治乱所系。　　　[112]欲不待可得：言欲根于天性，不待其可得而后欲之。求者从所可：言求足其欲则从心之所愿。　　　[113]受乎心：言受心之节制。
[114]言生之有欲，一而已矣。以有欲之性受制于心，而欲遂多纷驰而日失其故，漓其真。则与所受于天之一欲，又不可以类求。　　　[115]欲生而心以为不可生，则死，此以心制欲。
[116]此承上明之：言所欲有过于生，而行动不及于求生，心之中理止之。　　　[117]中理：合于理。　　　[118]言欲不及于死，而行动过之，自取死亡，心之失理使之。　　　[119]亡（wú）于，无与于。　　　[120]言性成于天之自然。　　　[121]言心以欲为可得而道

达之，智之所必出于此。　　　[122]尽：尽足其欲。　　　[123]节：节制。言求节制之道。　　　[124]此句恐有误。意言所求不得而无虑者，在节其所求之欲。　　　[125]道：对待欲望的正道。[126]欲南无多：言南虽至远，犹欲之。恶北无寡：言北虽至近，犹恶之。　　　[127]可道：以道为可。言可道而从之，虽损去欲寡欲之说，岂就会乱。　　　[128]言不可道而去之，虽益去欲寡欲之说，岂能够治。　　　[129]小家珍说：一曲之家，自珍贵其说者。言论道则宋、墨之家愿人去欲寡欲者皆衰。　　　[130]粹：精。未尝粹而来，言祸托于欲。未尝粹而往，言福托于恶。　　　[131]权：秤。　　　[132]衡：犹今天平。　　　[133]内：妄私。内自择：言妄有所择。　　　[134]易：言以物相易。　　　[135]累：积。嗛：通"慊"，快。　　　[136]有：通"又"。言虽隐而难察，以下四事观之，则可知。　　　[137]志轻理：内心轻视道理。　　　[138]向：通"享"。嗛：足，快。　　　[139]言假令暂时得间而嗛之，而其不嗛者仍在，不能离。　　　[140]后二"也"字读为"耶"。粥：同"鬻"。鬻寿，言促其生。　　　[141]绖：同"冕"。无足：言刖者。言乘轩戴冕而行，似为至荣，然实与无足者之跳跃而行无异。　　　[142]佣：通"庸"，平常的情况。　　　[143]粗紃之履：粗麻履。　　　[144]局室：促狭之室。芦帘：以芦为帘。槁蓐：以槁为蓐。尚：尚古。尚机筵，言质朴之机筵。一说"尚"当作"敝"（古"敝"字），敝机筵：破旧的几桌和竹席。　　　[145]言以是无贪利之心，而加以天下之权。　　　[146]言其行其谋出于幽隐，人所不能闻见。

性　恶

人之性恶，其善者伪也[1]。今人之性，生而有好利焉，顺是，故争夺生而辞让亡焉；生而有疾恶[2]焉，顺是，故残贼生而忠信亡焉；生而有耳目之欲，有好声色焉，顺是，故淫乱生而礼义文理[3]亡焉。然则从人之性，顺人之情，必出于争夺，合于犯〔分〕文乱理而归于暴。故必将有师法之化，礼义之道，然后出于辞让，合于文理，而归于治。用此观之，然则人之性恶明矣，其善者伪也。故枸木必将待檃栝烝矫然后直[4]，钝金必将待砻厉[5]然后利。今人之性恶，必将待师法然后正，得礼义然后治。今人无师法则偏险而不正，无礼义则悖乱而不治。古者圣王以人之性恶，以为偏险而不正，悖乱而不治，是以为之起礼义、制法度，以矫饰人之情性而正之，以扰[6]化人之情性而导之也。始皆出于治，合于道者也。今之人，化师法，积文学，道礼义者为君子；纵性情，安恣睢，而违礼义者为小人[7]。用此观之，然则人之性恶明矣，其善者伪也。

孟子曰："今之学者，其性善。"[8]曰：是不然，是不及知人之性，而不察乎人之性、伪之分者也。凡性者，天之就也，不可学，不可事[9]；礼义者，圣人之所生也[10]，人之所学而能，所事而成者也。不可学、不可事而在人者谓之性。可学而能、可事而成之在人者谓之伪。是性、伪之分也。今人之性，目可以见，耳可以听。夫可以见之明不离目，可以听之聪不离耳。目明而耳聪，不可学明矣。

孟子曰："今人之性善，将皆失丧其性故也。"[11]曰：若是，则过矣。今人之性，生而离其朴，离其资，必失而丧之[12]。用此观之，然则人之性恶明矣。所谓性善者，不离其朴而美之，不离其资而利之也[13]。使夫资朴之于美，心意之于善，若夫可以见之明不离目，可以听之聪不离耳，故曰目明而耳聪也。今人之性，饥而欲饱，寒而欲暖，劳而欲休，此人之情性也。今人饥见〔长〕粮[14]而不敢先食者，将有所让也；劳而不敢求息者，将有所代也[15]。夫子之让乎父，弟之让乎兄，子之代乎父，弟之代乎兄，此二行者，皆反于性而悖于情也；然而孝子之道，礼义之文理也。故顺情性则不辞让矣；辞让则悖于情性矣。用此观之，然则人之性恶明矣，其善者伪也。

问者曰："人之性恶，则礼义恶生？"[16]

应之曰：凡礼义者，是生于圣人之伪，非故[17]生于人之性也。故陶人埏埴[18]而为器，然则器生于〔工〕陶人之伪，非故生于陶人之性也。故工人斲木而成器，然则器生于工人之伪，非故生于工人之性也。圣人积思虑，习伪故，以生礼义而起法度，然则礼义法度者，是生于圣人之伪，非故生于人之性也。若夫目好色，耳好声，口好味，心好利，骨体肤理好愉佚，是皆生于人之情性者也，感而自然，不待事而后生之者也。夫感而不能然，必且待事而后然者，谓之生于伪。是性、伪之所生，其不同之征也[19]。

故圣人化性而起伪[20]，伪起而生礼义，礼义生而制法度。然则礼义法度者，是圣人之所生也。故圣人之所以同于众〔其〕而不〔异〕过于众者，性也；所以异而过众者，伪也。夫好利而欲得者，此人之情性也。假之人有〔弟兄〕资财而分者，且顺情性，好利而欲得，若是则兄弟相拂夺矣[21]；且化礼义之文理，若是则让乎国人矣。故顺情性则弟兄争矣，化礼义则让乎国人矣。

凡人之欲为善者，为性恶也。夫薄愿厚，恶愿美，狭愿广，贫愿富，贱愿贵，苟无之中者[22]，必求于外；故富而不愿财，贵而不愿势，苟有之中者，必不及于外。用此观之，人之欲为善者，为性恶也。今人之性，固无礼义，故强学而求有之也。性不知礼义，故思虑而求知之也。然则生而已[23]，则人无礼义，不知礼义。人无礼义则乱；不知礼义则悖。然则生而已，则悖乱在己。用此观之，人之性恶明矣，其善者伪也。

孟子曰："人之性善。"曰：是不然。凡古今天下之所谓善者，正理平治也；所谓恶者，偏险悖乱也。是善恶之分也已。今诚以人之性固正理平治邪？则有恶[24]用圣王，恶用礼义矣哉？虽有圣王礼义，将曷加于正理平治也哉！今不然，人之性恶。故古者圣人以人之性恶，以为偏险而不正，悖乱而不治，故为之立君上之势以临之，明礼义以化之，起法正以治之，重刑罚以禁之，使天下皆出于治，合于善也。是圣王之治而礼义之化也。今当[25]试去君上之势，无礼义之化，去法正之治，无刑罚之禁，倚[26]而观天下民人之相与也。若是，则夫强者害弱而夺之，众者暴寡而哗之[27]，天下之悖乱而相亡不待顷[28]矣。用此观之，然则人之性恶明矣。其善者伪也。故善言古者必有节于今，善言天者必有征于人[29]。凡论者，贵其有辨合，有符验[30]。故坐而言之，起而可设，张而可施行。今孟子曰"人之性善"，无辨合符验，坐而言之，起而不可设，张而不可施行，岂不过甚矣哉！故性善则去圣王，息礼义矣；性恶则与[31]圣王，贵礼义矣。故檃栝之生，为枸木也；绳墨之起，为不直也；立君上，明礼义，为性恶也。用此观之，然则人之性恶明矣，其善者伪也。直木不待檃栝而直者，其性直也；枸木必将待檃栝烝矫然后直者，以其性不直也。今人之性恶，必将待圣王之治，礼义之化，然后皆出于治，合于善也。用此观之，然则人之性恶明矣，其善者伪也。

问者曰："礼义积伪者，是人之性，故圣人能生之也。"[32]应之曰：是不然。夫陶人埏埴而生瓦，然则瓦埴岂陶人之性也哉？工人斲木而生器，然则器木岂工人之性也哉？夫圣人之于礼义也，辟[33]则陶埏而生之也。然则礼义积伪者，岂人之本性也哉？凡人之性者，尧、舜之与桀、跖，其性一也；君子之与小人，其性一也。今将以礼义积伪为人之性邪？然则有曷贵尧、禹，曷贵君子矣哉？凡所贵尧、禹、君子者，能化性，能起伪，伪起而生礼义。然则圣人之于礼义积伪也，亦犹陶埏而生之也。用此观之，然则礼义积伪者，岂人之性也哉？所贱于桀、跖、小人者，从其性，顺其情，安恣睢，以出乎贪利争夺。故人之性恶明矣，其善者伪也。天非私曾、骞，孝已[34]而外众人也。然而曾、骞、孝已独厚于孝之实，而全于孝之名者，何也？以綦[35]于礼义故也。天非私齐、鲁之民而外秦人也。然而于父子之义、夫妇之别，不如齐、鲁之孝〔具〕共敬〔父〕文[36]者，何也？以秦人之从[37]情性，安恣睢，慢于礼义故也。岂其性异矣哉？

“涂之人可以为禹。”曷谓也？曰：凡禹之所以为禹者，以其为仁义法正也。然则仁义法正有可知可能之理。然而涂之人也，皆有可以知仁义法正之质，皆有可以能仁义法正之具，然则其可以为禹明矣。今以仁义法正为固无可知可能之理邪？然则唯[38]禹不知仁义法正，不能仁义法正也。将使涂之人固无可以知仁义法正之质，而固无可以能仁义法正之具邪，然则涂之人也，且内不可以知父子之义，外不可以知君臣之正。〔不然〕今不然，涂之人者，皆内可以知父子之义，外可以知君臣之正，然则其可以知之质，可以能之具，其在涂之人明矣。今使涂之人者，以其可以知之质，可以能之具，本夫仁义之可知之理，可能之具，然则其可以为禹明矣。今使涂之人伏[39]术为学，专心一志，思索孰察，加日县久[40]，积善而不息，则通于神明，参于天地矣。故圣人者，人之所积而致矣。

曰："圣可积而致，然而皆不可积，何也？"曰：可以而不可使也[41]。故小人可以为君子而不肯为君子；君子可以为小人而不肯为小人。小人、君子者，未尝不可以相为也[42]；然而不相为者，可以而不可使也。故涂之人可以为禹则然，涂之人能为禹[43]，未必然也。虽不能为禹，无害可以为禹。足可以遍行天下，然而未尝有能遍行天下者也。夫工匠、农、贾，未尝不可以相为事也，然而未尝能相为事也。用此观之，然则可以为，未必能也；虽不能，无害可以为。然则能不能之与可不可，其不同远矣，其不可以相为明矣。

尧问于舜曰："人情何如？"舜对曰："人情甚不美，又何问焉！妻子具而孝衰于亲，嗜欲得而信衰于友，爵禄盈而忠衰于君。人之情乎！人之情乎！甚不美，又何问焉？"唯贤者为不然。[44]

有圣人之知者，有士君子之知者，有小人之知者，有役夫之知者。多言则文而类，终日议其所以，言之千举万变，其统类一也[45]，是圣人之知也。少言则径而省，论而法，若佚之以绳[46]，是士君子之知也。其言也谄，其行也悖，其举事多悔[47]，是小人之知也。齐给便敏而无类，杂能旁魄而无用，析速粹孰而不急[48]，不恤[49]是非，不论曲直，以期胜人为意，是役夫之知也。

有上勇者，有中勇者，有下勇者。天下有中，敢直其身[50]；先王有道，敢行其意。上不循于乱世之君，下不俗[51]于乱世之民；仁之所在无贫穷，仁之所亡无富贵[52]；天下知之，则欲与天下〔同苦〕共乐之；天下不知之，则傀然[53]独立天地之间而不畏。是上勇也。礼恭而意俭，大齐信焉而轻货财[54]，贤者敢推而尚之，不肖者敢援而废之，是中勇也。轻身而重货，恬祸而广解，□□□苟免[55]。不恤是非、然不[56]〔然〕之情，以期胜人为意，是下勇也。

繁弱、钜黍，古之良弓也，然而不得排檠[57]，则不能自正。桓公之葱，大公之阙，文王之录，庄君之曶，阖闾[58]之干将、莫邪、钜阙、辟闾，此皆古之良剑也，然而不加砥厉则不能利，不得人力则不能断。骅骝、骐[59]骥、纤离、绿耳，此皆古之良马也，然而前必有衔辔之制，后有鞭策之威，加之以造父之驭，然后一日而致千里也。夫人虽有性质美而心辩知，必将求贤师而事之，择良友而友之。得贤师而事之，则所闻者，尧、舜、禹、汤之道也；得良友而友之，则所见者忠信敬让之行也。身日进于仁义而不自知也者，靡[60]使然也。今与不善人处，则所闻者欺诬诈伪也，所见者污漫、淫邪、贪利之行也，身且加于刑戮而不自知者，靡使然也。传曰："不知其子视其友，不知其君视其左右。"靡而已矣！靡而已矣！

----

[1]伪：作为。　　[2]疾：同"嫉"。　　[3]文理：言节文条理，即礼法。　　[4]枸：通"钩"，曲。烝矫：言烝之使柔，矫之使直。　　[5]厉：同"砺"。砻、厉，皆磨。　　[6]扰：驯。　　[7]化师法：受师法教化。道：蹈，实践。恣睢：放纵贪欲，任意胡为。　　[8]言人之有学，由其天性本善。此与告子所论同。　　[9]事：为，修饰。　　[10]生：制定。　　[11]言孟子以为人之性善，特皆失丧本性，故恶。　　[12]言人之性，苟任其自然，则日离其朴资之纯，必失丧而至于残贼淫乱。[13]言必不离朴资而自得美利，不待作为而善，方能谓之性善。　　[14]粮（zhāng）：粮。按，作长（zhāng）可通，似不必改字。　　[15]言代其尊长。　　[16]言礼义从何而生。[17]故：犹"本"。　　[18]埏（shān）：揉和。埴（zhí）：黏土。　　[19]征：征验。　　[20]言圣人能变化本性，兴起作为。　　[21]拂：违背。拂夺：争夺。　　[22]如果本身没有这东西。之：犹"于"。中：内，这里指本身。　　[23]生而已：言顺其生之自然。　　[24]有：通"又"。　　[25]当：通"尝"，尝试。　　[26]倚：偏倚，犹"旁观"。　　[27]众声呵责使少数人（寡）不得发言。　　[28]顷：少顷。　　[29]节、征：均验。言论古必验之今世，论天必验之人事。　　[30]辨、符：皆古代凭证之物。辨，别。别之为两，两家各执其一。符，亦然。言论议如别之合，如符之验然，可施行。　　[31]与：从。　　[32]礼义积伪：言积作为而起礼义。言是唯人之本性，故圣人能生之，否则亦不能生。　　[33]辟：通"譬"。

[34]曾：曾参。骞：闵子骞。孝已：殷高宗之太子。三人皆有至孝之行。　　　[35]綦（qí）：极，很。　　　[36]孝共：即孝恭。敬文：言敬而有文。　　　[37]从：同"纵"，放纵。　　　[38]唯：通"虽"。　　　[39]伏：古通"服"，从事。　　　[40]孰察：精熟而察。加日：累日。县久：悬系以久长。　　　[41]言质本可以积而不可强使积。　　　[42]言未尝不可以互相转换。　　　[43]能为禹：言竟能成为禹。　　　[44]此问答盖荀子得之传闻，今不见于载籍。亦以明性之恶。　　　[45]言虽终日议论，其所言千举万变，终始条贯如一。　　　[46]径：直。省：言辞寡。论：通"伦"。佚：通"秩"，通"程"。佚之以绳，犹言程之以绳。

[47]多悔：多咎过。　　　[48]齐：疾。给：言应之速如供给。齐给：回答得快。便：轻巧。敏：速。杂能：多异术。旁魄：即"旁薄"，广大。析：谓析辞，若坚白之论者。速：发辞捷速。粹：同"萃"。孰：言其言荟萃而熟练。不急：言非实用之所急。孰：同"熟"。　　　[49]不恤：不顾。　　　[50]中：中道。直其身：言依中道而立，无偏邪。　　　[51]不俗：不习。　　　[52]言仁之所在，虽贫穷甘之；仁之所亡，虽富贵去之。　　　[53]傀：同"块"。傀然：独居之貌。　　　[54]齐：中。言大中信而轻货财。齐信：中正诚信。大：重视。　　　[55]恬：安。言安于祸难，而广自解说，务欲以辞胜人。"广解"下脱三字。

[56]不：通"否"。　　　[57]排㯿（jǐng），辅正弓弩之器。

[58]智（hū）和上三句的"蔥""阙""录"都是剑名。阖间：吴国君。　　　[59]骥：同"骐"。　　　[60]靡：通"摩"，观摩，受影响。